D1245927

Comment acheter
MON PREMIER
PLEX

Les Éditions Transcontinental
1100, boul. René-Lévesque Ouest, 24e étage
Montréal (Québec) H3B 4X9
Téléphone : 514 392-9000 ou 1 800 361-5479
www.livres.transcontinental.ca

Catalogage avant publication de Bibliothèque et Archives nationales du Québec et
Bibliothèque et Archives Canada
Dubuc, André
Comment acheter mon premier plex
ISBN 978-2-89472-323-4

1. Immeubles - Investissements - Québec (Province). 2. Habitations - Achat - Québec
(Province). I. Titre.

HD1379.D82 2007   333.33'8309714   C2007-941195-9

Révision : Lyne Roy
Correction : Valérie Quintal
Photo de l'auteur : Paul Labelle photographe © 2007
Mise en pages et conception graphique de la couverture : Studio Andrée Robillard
Impression : Transcontinental Gagné

Imprimé au Canada
© Les Éditions Transcontinental, 2007
Dépôt légal – Bibliothèque et Archives nationales du Québec, 3e trimestre 2007
3e impression, février 2008
Bibliothèque et Archives Canada

Tous droits de traduction, de reproduction et d'adaptation réservés

Nous reconnaissons, pour nos activités d'édition, l'aide financière du gouvernement du Canada
par l'entremise du Programme d'aide au développement de l'industrie de l'édition (PADIÉ). Nous
remercions également la SODEC de son appui financier (programmes Aide à l'édition et Aide à
la promotion).

 Pour connaître nos autres titres, consultez le **www.livres.transcontinental.ca**. Pour bénéficier
de nos tarifs spéciaux s'appliquant aux bibliothèques d'entreprise ou aux achats en gros,
informez-vous au **1 866 800-2500**.

André Dubuc

Comment acheter
MON PREMIER
PLEX

Les Éditions
Transcontinental

Table des matières

Pourquoi investir dans un immeuble locatif?

L'immobilier a la cote ces années-ci. Heureux propriétaire, n'avez-vous pas fait un coup d'argent avec votre maison depuis 2000? Pourquoi ne pas doubler votre mise en considérant l'immobilier comme un véhicule d'investissement? L'objectif de ce livre est d'expliquer en termes simples comment y arriver.

Je me suis intéressé aux immeubles quand le *Journal Les Affaires* m'a offert le poste de responsable de la section «Immobilier». Comme le hasard fait parfois bien les choses, je suis entré en scène juste au moment où le boom immobilier battait son plein. En sept ans au journal, j'ai constaté le grand intérêt que suscitaient auprès de nos lecteurs mes articles traitant de l'investissement immobilier. L'idée de consacrer un livre à ce sujet vient de l'enthousiasme des lecteurs. Jean Paré, le grand manitou des Éditions Transcontinental, m'a convaincu quelques années plus tard de passer de la parole aux actes.

D'autres livres sur l'investissement immobilier existent. Certains sont plus savants que celui-ci. La particularité du guide que vous tenez entre vos mains est qu'il s'adresse d'abord aux gagne-petit qui ont envisagé, à un moment ou à un autre, d'acquérir un plex mais qui n'ont pas osé, faute d'argent ou de réponses à leurs interrogations bien légitimes.

On connaît tous des sans-cravate, souvent habiles de leurs mains, qui s'échinent pour un salaire bien ordinaire. Pourquoi n'osent-ils pas investir dans l'immobilier plutôt que de s'essouffler à accumuler les petits boulots ou à vendre à leurs proches des produits Amway? La réponse est que, bien souvent, ils méconnaissent ce domaine.

Où trouver l'argent? Quoi acheter? Quel rendement espérer? Quel prix payer? Pourquoi les experts conseillent-ils de ne pas acheter un immeuble à un prix équivalant à plus de huit fois le revenu annuel des loyers? Se fait-on avoir si on paie l'immeuble plus cher que 60 000 $ par logement? Est-ce vrai qu'il est impossible de mettre un mauvais locataire à la porte? Pourquoi l'État contrôle-t-il, par le truchement de la Régie du logement, les loyers des locataires?

Cet ouvrage veut démythifier l'investissement immobilier en répondant à toutes ces questions et à de nombreuses autres. Et quand je dis démythifier, je n'emploie pas ce mot par hasard; en effet, l'immobilier a un petit côté mythique. D'abord, on fait de l'argent avec des sous qui ne nous appartiennent pas (c'est ce qu'on appelle l'effet de levier). On paie de 10 % à 15 % de la valeur du bien qu'on achète, on emprunte le reste, mais on garde pour soi 100 % des revenus de location et 100 % de la plus-value à la revente, s'il y en a. Essayez de faire ça avec des actions!

Quand on possède son « p'tit bloc », l'argent entre dans nos poches tous les mois que le bon Dieu amène. Les bidous sont à soi tout de suite, on les voit, on en fait ce qu'on veut. Pas d'intermédiaires, pas de pénalités, pas de frais cachés, pas de frais de gestion.

Autre avantage, l'immobilier est facile à comprendre : j'ai un plex ; je loue mes logements ; mes locataires me versent un loyer chaque mois ; je paie l'impôt foncier et les autres dépenses qui ne sont pas aux frais des locataires. Que je sois décrocheur, unilingue, inculte ou cul-de-jatte, je suis capable de savoir combien il me restera dans les poches à la fin de l'année. J'ai aussi une bonne idée du rendement que me procure mon immeuble.

Supposons que je veux acheter un immeuble de 5 logements pour lequel on demande 400 000 $. À un loyer mensuel de 700 $ par logement, l'immeuble produit des revenus annuels de 42 000 $ (700 $ X 5 logements X 12 mois). Je retiens de ce montant une provision de 3 % (1 260 $) pour les mauvais payeurs. Il reste 40 700 $.

De ce montant, je soustrais mes dépenses. Disons que, dans ce cas-ci, le chauffage est payé par les locataires. Il me reste à payer les dépenses d'exploitation (impôt foncier, assurances, réparations – on y reviendra en détail au chapitre 7) pour un total que j'estime réaliste à 15 000 $.

DES CHIFFRES

Calcul du rendement de l'immeuble

$$\frac{(\text{Revenus} - \text{dépenses})}{\text{valeur de l'immeuble}}$$

$$\frac{(40\,700\,\$ - 15\,000\,\$)}{(400\,000\,\$)} = 6,4\,\%^*$$

* soit le rendement de l'immeuble.

À la condition que je réussisse à louer mes logements au prix indiqué (700 $), je sais, avant même d'acheter l'immeuble, qu'il me procurera un rendement de 6,4 % par année. Non mais, n'est-ce pas clair ? Êtes-vous capable maintenant de faire le même calcul pour déterminer à l'avance le rendement de vos fonds communs ? Essayez pour voir !

Trêve de plaisanteries, j'ai décidé d'écrire cet ouvrage pour que les lecteurs comprennent que l'immobilier est la clé qui ouvre la porte de la sécurité financière. D'accord, ce n'est pas la seule clé, et elle comporte son lot de risques, à commencer par la hausse des taux d'intérêt. L'investisseur à long terme, prudent et passionné, y fera pourtant souvent fortune !

L'achat d'un immeuble locatif garantit-il l'accès à Liberté 55 ? Peut-être pas. Cependant, acquérir un triplex en 2007, c'est au moins 500 000 $ dans ses poches après 20 ans, à moins qu'on assiste à la résurgence du Front de libération du Québec ou à une pandémie de grippe aviaire. Détenir un immeuble de 20 logements rapporte plus qu'un emploi à temps partiel. Avec un portefeuille de 50 portes, on dit « bye bye boss » et on se fait vivre par ses locataires. Je ne vous dis pas que tout se fait simplement, mais ça se fait !

Considérez dès aujourd'hui l'immobilier comme une vache à lait. Les logements génèrent des revenus, comme le sympathique ruminant donne du lait. Un revenu régulier n'a jamais été aussi précieux depuis que les bas taux d'intérêt semblent s'être installés à demeure. Il y a quelques années, un pécule de 100 000 $ suffisait pour générer un revenu d'intérêts de 10 000 $ par année. Actuellement, il faut investir un minimum de 200 000 $ dans des obligations gouvernementales de long terme pour obtenir les mêmes 10 000 $. Les immeubles locatifs ont pour ainsi dire doublé de valeur depuis cinq ans en raison principalement de la baisse des taux d'intérêt.

Un plex constitue aussi une police d'assurance pour ses vieux jours. On entend souvent des investisseurs dire : « Mon plex, c'est mon fonds de retraite. » Il est vrai qu'une fois payé, dans 20 ou 30 ans, il livrera une rente mensuelle de 2000 $ ou 4000 $, selon le nombre de logements, à l'image de la caisse de retraite d'un employeur qui verse des rentes à ses employés retraités.

Je vous entends déjà dire :

« Oui, c'est bien beau tout ça, mais est-ce pour moi ? »

« J'ai pas une cenne qui m'adore, comment veux-tu que je m'achète un duplex ? »

« Je veux bien me lancer dans l'aventure, mais je ne sais pas par où commencer. »

« J'arrive bien trop tard dans le marché, c'est en 1998 que j'aurais dû acheter mon plex. Comment puis-je espérer faire du profit en achetant en 2007 un duplex de 400 000 $ qui demande au moins 50 000 $ en rénovations ? »

« Un plex, ça me tente, mais je ne suis pas bricoleur… »

« Je ne connais rien aux bâtiments. De quoi est-ce que j'aurai l'air lorsque des fissures apparaîtront dans la fondation ? »

« Je ne saurais pas comment fixer mes loyers. 1 000 $ pour un 6 ½ rénové dans le quartier Villeray à Montréal, est-ce cher ? 650 $ pour un 5 ½ dans le quartier Saint-Roch à Québec, est-ce une aubaine ? »

« J'ai peur de faire faillite si ça tourne mal… »

« J'ai peur que mon locataire vienne me réveiller en pleine nuit parce que son tuyau de renvoi d'eau est en train d'inonder sa cuisine. »

Le livre répondra à ces questions et tâchera de calmer ces inquiétudes. Je peux déjà vous dire de partir à l'aventure l'esprit en paix : aucune de ces préoccupations, à elle seule, ne constitue une bonne raison de se priver d'investir dans un immeuble locatif.

Il y a quatre façons de devenir riche, dit-on : décrocher le gros lot, toucher un gros salaire, lancer son entreprise ou faire fortune avec ses placements. Le gros lot, ce sont les autres qui le gagnent ; le gros salaire, c'est le beau-frère qui le fait ; et pour lancer son entreprise, il faut avoir la fibre entrepreneuriale. Dans la jungle du placement, l'investissement immobilier a ses mérites. J'espère que la lecture de ce livre saura vous en convaincre.

Chapitre 1

L'immeuble locatif, est-ce une bonne idée pour vous?

« Cher André,

Ma femme veut que j'investisse dans un triplex. Je m'interroge cependant sur mon intérêt pour la chose. Je veux être riche, mais je n'aime pas travailler. J'ai une peur bleue du marteau et de la scie. En plus, affirmer que j'aime le monde en général serait un mensonge. Un p'tit bloc, est-ce pour moi? »

— Marc

Mon cher Marc, vous posez là une très bonne question. Vos sentiments sont sans doute partagés par plusieurs. L'immobilier n'est pas un investissement passif et il comporte des coûts importants, tant au moment de l'achat d'une propriété que lorsqu'on la vend. Sortir précipitamment ses billes est souvent coûteux. Donc, mieux vaut se connaître et évaluer sa réelle motivation pour vérifier si on a avantage à plonger. Si vous manquez d'intérêt, l'expérience dans l'univers de la brique et du mortier vous semblera pénible et vous fera perdre un joli magot.

TOUT DÉPEND DE SES MOTIVATIONS

Avant d'investir dans l'immobilier, vous devez établir ce que vous recherchez : un bas de laine pour vos vieux jours ? une diversification de vos placements ? un revenu d'appoint ? Voyons chacun de ces objectifs en détail afin d'évaluer comment l'achat d'un plex peut y répondre.

1. Un bas de laine pour ses vieux jours

Si vous adoptez cet objectif absolument légitime, vous considérez l'immeuble ni plus ni moins comme un fonds de pension. Par conséquent, vous resterez propriétaire du plex longtemps et vous le paierez tranquillement chaque mois, avec l'espoir que, quand vous aurez passé 60 ans, il vous fournira un revenu pour boucler les fins de mois.

Cela implique que vous devrez en prendre soin comme de la prunelle de vos yeux, puisque vous prévoyez le conserver pendant 20, voire 30 ans. Au moment de faire des réparations, vous investirez dans la qualité pour n'être pas obligé de recommencer deux ans plus tard. Vous devrez aussi mettre l'argent de côté pour payer une ou deux rondes de grands travaux : une nouvelle cuisine tous les 20 ans, ce n'est pas superflu.

Cela dit, le prix d'achat de l'immeuble n'est pas aussi crucial que la somme des loyers qu'il procure. Plus ils seront élevés, meilleure sera la retraite !

2. Une diversification de ses placements

Il se peut que vous vous intéressiez à l'immobilier un peu par défaut, parce que votre planificateur financier vous a conseillé de diversifier vos placements. C'est une bonne raison, mais il faut agir en conséquence. Il est alors préférable de vous associer avec un partenaire qui connaît le métier. Celui-ci s'occupera de la gestion quotidienne de l'immeuble, comme l'entretien, la perception des loyers, la location des logements qui se libèrent, etc. Vous? Vous attendrez vos chèques les pieds sur la bavette du foyer.

La clé dans ce cas est de bien choisir son partenaire. Pas facile! Il faut qu'il soit travaillant, fidèle, honnête, courtois… Une perle rare, quoi! Une fois que vous aurez trouvé ce précieux collaborateur, vous devrez le rémunérer à sa juste valeur, sinon vous le perdrez.

Pour un service complet (location, entretien, gestion, etc.), certaines entreprises de gestion exigent une rémunération allant jusqu'à 50 % des revenus nets de location, c'est-à-dire les revenus de loyers qui restent après avoir payé les dépenses d'exploitation mais avant les frais de financement. Vous en restera-t-il encore dans les poches?

C'est là que le prix à payer pour l'immeuble devient crucial. Il importe d'acheter quand les prix sont au plancher et de vendre quand ils sont au plafond. Tant qu'à payer cher et à vendre dans la déprime, il vaut mieux garder son argent en Bourse. Alors, comment s'assurer de payer le bon prix pour ne pas se faire avoir? La lecture du chapitre 7 atténuera cette inquiétude bien légitime.

3. Un revenu d'appoint

Si votre objectif est de toucher un revenu d'appoint, vous investissez à la fois pour le présent et pour l'avenir. Comme toujours, vous devez acheter à prix raisonnable pour que l'immeuble dégage le plus rapidement un revenu net positif (ce qui reste après avoir réglé les frais d'exploitation et d'intérêts). Puis, vous devrez gérer serré pour que les revenus s'accroissent année après année. Vous vous ferez un devoir d'aller chercher l'augmentation maximale des loyers permise par la Régie, tout en tenant bien serrée la bride du budget des dépenses.

En même temps, vous devrez entretenir l'immeuble dans une perspective de long terme, car si le plex se dégrade, il sera difficile à la longue d'en tirer de bons revenus. Ici, pas question de faire de l'immobilier en dilettante. Vous voulez en vivre, du moins en partie. Il faut agir en conséquence.

LÀ OÙ LE BÂT BLESSE

Peu importe vos motivations, il est toujours possible de déléguer des tâches. Attention, toutefois : **ce qu'on élimine en désagréments, on le perd en revenus.** Et pendant qu'on y est, une seconde maxime : il est de loin préférable de rogner sur le rendement et de vivre heureux (en déléguant des tâches) que de jouer les Crésus et de se rendre malheureux (en se tapant sur les doigts avec le marteau) !

Cela dit, même si vous déléguez de nombreuses tâches, l'immobilier reste un investissement autrement plus exigeant que la détention d'unités de fonds communs, d'actions ou d'obligations. Dès le moment où vous ferez l'acquisition d'un plex, vous vous retrouverez avec de nouvelles responsabilités.

Les activités de location

Imaginez que vous avez un triplex et que deux logements se libèrent la même année. Vous devrez alors consacrer quelques soirées à faire visiter les lieux, à vérifier les références, le statut bancaire des locataires retenus, etc.

Avant le jour du déménagement, le logement devra être rafraîchi : grand ménage, peinture, sablage des planchers... C'est le moment ou jamais de faire une première impression positive.

Au surplus, oubliez le congé du 1er juillet ! Dorénavant, la fête du Canada sera parfaitement chronométrée. Le matin, vous irez vous assurer *de visu* que vos anciens locataires ont vidé le logement sans rien oublier. En après-midi, vous serez encore sur place pour accueillir dignement vos nouveaux locataires.

Ce qui précède vaut autant pour toutes les fins de bail, pas juste celle du 30 juin.

La gestion et l'entretien hebdomadaire de l'immeuble

Pour certains propriétaires, la perception des loyers équivaut à une interminable visite chez le dentiste. Prenez la chose avec philosophie. Les locataires prennent l'argent de leur poche pour le mettre dans la vôtre. Comment cela peut-il être à ce point désagréable ? Ce qui est moins amusant, ce sont les factures à payer : chauffage, électricité, assurances, contrats d'entretien, impôt foncier, taxe scolaire et impôt sur les revenus de biens de location. La gestion de cette paperasse prend du temps.

Les samedis après-midi de juillet, vous aurez peut-être envie d'aller faire du vélo, de jouer au golf ou d'emmener les enfants au parc aquatique. Vous aurez pourtant d'autres priorités : tondre le gazon, désherber et arroser les plates-bandes, ramasser les prospectus qui traînent dans le portique, etc.

L'hiver, c'est l'envie d'aller faire du ski qui vous prendra. Nenni, vous devrez pelleter l'entrée, déglacer les escaliers, passer la vadrouille dans les corridors et sur les marches. Si c'est vous qui payez le chauffage, vous rappellerez aux locataires de garder les fenêtres fermées et de ne pas surchauffer les logements.

Les relations avec les fournisseurs et les clients

Vous n'avez pas d'ami? Un « p'tit bloc » vous fera sortir de votre solitude, croyez-moi! Voici vos nouveaux copains: un peintre en bâtiment, un menuisier-charpentier, un électricien, un plombier, le livreur de mazout, le gars d'Hydro, un maçon, un couvreur, un déneigeur, un paysagiste, un comptable, un avocat et un fiscaliste.

En plus, « avoir un immeuble, c'est comme avoir sa propre entreprise », m'a déjà dit Jean-François Bigras, chef du conseil d'administration de la Corporation des propriétaires immobiliers du Québec (CORPIQ) et propriétaire de 300 logements. Et qui dit gérer une entreprise dit travailler avec des clients. Autrement dit, avoir des locataires, c'est avoir des clients. Il faut apprendre à les choisir, procéder à la perception des loyers chaque mois, faire accepter les augmentations annuelles de loyer, et le reste.

Vous avez du plaisir à côtoyer des gens? Ça commence bien. Vous avez déjà travaillé dans le commerce de détail ou avec le public et vous aimez ça? Merveilleux! Vous voyez, vous avez déjà deux bons atouts pour réussir.

« MAIS JE NE SAIS MÊME PAS TENIR UN MARTEAU! »

Maintenant, réglons un point une bonne fois pour toutes: **pas besoin d'être bricoleur pour devenir propriétaire d'un immeuble locatif.** Je suis l'exemple parfait du type à lunettes qui n'a pas eu souvent de graisse sur les mains. Et après? J'ai mon duplex, sa valeur a augmenté de 150 000 $ en 5 ans et je perçois 15 000 $ de revenus par année. Quand les tuyaux fuient ou que le chauffage ne fonctionne pas, j'appelle un plombier, qui ne fait pas le travail comme du monde. J'en appelle un deuxième… et je peste en recevant leurs factures. Puis, un nouveau mois arrive avec les chèques de loyer, et me voilà réconcilié avec l'immobilier.

Savez-vous quoi? Après avoir vu aller deux ou trois plombiers incompétents, vous vous mettrez au «bizounage» sans même vous en rendre compte. Oui, oui, même moi qui avais la trentaine bien entamée quand ma femme m'a fait cadeau de mon premier marteau pour la fête des Pères, je me surprends à changer les poignées de porte et les prises de courant, et à réparer les luminaires.

Je ne vais quand même pas vous en faire accroire: savoir manier l'égoïne et le chalumeau, ça aide. Le castor bricoleur économise une petite fortune en main-d'œuvre. Son immeuble est toujours impeccable parce que, avant de faire les réparations, il n'a pas à attendre d'avoir l'argent pour payer un ouvrier ou même de connaître la disponibilité de ce dernier. Des logements nickel se louent facilement et à meilleur prix. Le propriétaire actif inspire la confiance à ses locataires, ce qui se traduit par une plus grande rétention des occupants.

Donc, être ou ne pas être bricoleur ne devrait pas influer sur votre volonté d'acheter, mais plutôt sur votre comportement d'investisseur. Si la vue d'un coffre à outils vous donne de l'urticaire, tenez-vous loin des immeubles du genre «paradis pour bricoleur». Privilégiez l'achat d'un immeuble récent, voire flambant neuf. Vous devriez avoir la paix pendant un bon 10 ans avant d'avoir à faire des réparations.

Non seulement l'art de planter un clou vous est étranger, mais les mots chantepleure, allège, solin et solive sonnent comme du chinois pour vous? Pas de problème, mais faites-vous aider par des gens compétents.

Imaginons que vous avez trouvé un immeuble de six logements dans Rosemont à prix raisonnable. Sur le plan esthétique, le produit fait rêver, mais vous ignorez si des réparations sont nécessaires. Une bonne inspection par un architecte, un ingénieur ou un inspecteur en bâtiment vous fera mieux connaître la condition de l'immeuble et vous évitera de mauvaises surprises. Voici ce qu'un spécialiste devrait vérifier.

Liste des éléments que doit examiner un inspecteur en bâtiment

- La toiture (fuites, condensation, étanchéité, état du revêtement)
- Les fondations et la dalle de béton (type, fissures, effritement, pyrite)
- Les murs (bombement, déformation, fissures)
- Les plafonds (affaissement, déformation)
- Les planchers (déformation, stabilité)
- L'isolation (matériaux isolants, coupe-vapeur, quantité)
- Les traces d'humidité et de moisissure (sous-sol, fenêtres, murs, éviers, salle d'eau)
- Les odeurs (sources)
- Les fenêtres et les portes (ouverture, étanchéité, installation)
- La boîte électrique (ampérage, voltage, mise à la terre)
- Le système de chauffage (type, accessoires, fuites)
- La cheminée et le foyer (état, fonctionnalité, sécurité)
- La plomberie (débit, pression, matériaux, fuites, odeur)
- La ventilation (combles, sous-sol, vides sanitaires)
- Terrain (pente positive)
- Escaliers, balcons (état, stabilité)

Source: *Guide d'inspection des petits bâtiments,* préparé par l'Ordre des technologues professionnels du Québec et par l'Association des consommateurs pour la qualité dans la construction.

Un bon inspecteur devrait être protégé par une assurance responsabilité professionnelle. Il doit prendre des photos et rédiger un rapport de son inspection. Dans ce rapport, il décrit notamment les problèmes décelés et la solution proposée. Il doit aussi classifier les problèmes selon leur gravité. Idéalement, il doit vous donner une idée du coût des réparations.

Vous avez encore des doutes quant à votre vocation d'investisseur immobilier? Répondez au questionnaire qui suit pour en avoir le cœur net.

20 QUESTIONS À SE POSER AVANT DE PLONGER

1. Est-ce que j'aime travailler avec le public?

a) Oui, moi, j'aime le monde!

b) Oui, mais de 9 à 5, du lundi au vendredi.

c) «Pourquoi pas un chausson avec ça?»

2. Suis-je bricoleur?

a) Non, mais j'ai un BlackBerry.

b) J'écoute le DVD des émissions *Ma maison RONA* le samedi soir.

c) J'ai un coffre à outils.

3. Suis-je prêt à consacrer mes week-ends du printemps à faire visiter mes logements?

a) Avez-vous une autre question?

b) Je préfère lire *The New York Times*.

c) Oui, surtout si le loyer est augmenté de 100$ par mois.

4. Ai-je des objections à l'idée me faire réveiller la nuit à cause d'une fuite d'eau?

a) Aucun problème de ce côté, mon numéro est confidentiel.

b) Ah, dommage, le p'tit dernier vient juste de commencer à faire ses nuits…

c) Mes parents m'ont inculqué le sens des responsabilités.

5. Suis-je prêt à parader devant la Régie du logement pour évincer un mauvais locataire?

a) Je préfère perdre mon loyer que de me faire des ennemis.

b) Patience et longueur de temps font plus que force ni que rage.

c) Pas de pitié pour les mauvais payeurs.

6. Est-ce que je me vois à la tête d'une entreprise?

a) Me suis-je trompé de livre, moi là?

b) J'aime être mon propre patron.

c) Je pense que c'est la meilleure façon de devenir indépendant financièrement.

7. Ai-je des scrupules à enquêter sur mes locataires potentiels?

a) Je ne suis pas parano. Je fais confiance à la vie!

b) La première impression est toujours la meilleure.

c) C'est quoi déjà le numéro d'Equifax?

8. Ai-je du temps à consacrer à mon investissement?

a) Euh, attendez, je suis père de trois jeunes enfants, moi!

b) Je vais tout confier à mon beau-frère.

c) J'ai acheté ce livre pour mettre ça au clair.

9. Suis-je stressé à l'idée de devoir rembourser de grosses dettes?

a) *My God*, vous n'avez pas vu le solde de ma carte de crédit!

b) Qui paie ses dettes s'enrichit.

c) Je diversifie mes placements (j'ai investi dans Cinar, Norbourg, Norshield et MountReal).

10. Je m'attends à quel genre de rendement annuel?

a) Le rendement d'une obligation d'épargne du Canada.

b) Un meilleur rendement que celui que j'ai obtenu avec Nortel de 2003 à 2005.

c) Entre 10% et 20%.

11. Pourquoi est-ce que j'investis en immobilier?

a) Parce que mon voisin l'a fait.

b) Pour avoir un fonds de retraite.

c) Pour faire un coup d'argent.

12. Un locataire se plaint à moi du bruit que fait son voisin. Qu'est-ce que je fais?

a) Je lui dis d'appeler la police.

b) Je l'invite à déménager s'il n'est pas content.

c) J'avertis le voisin en question de réduire ses émissions de décibels.

13. Au moment d'acheter un duplex, mon banquier me suggère fortement d'augmenter le loyer de mon locataire. Je m'y prends comment pour le satisfaire?

a) Je lui demande de combien je dois augmenter.

b) Je revois à la baisse mon prix d'achat.

c) Je change de banque.

14. Dimanche après-midi, les chutes du Niagara se déversent dans mon plex. Je fais quoi ?

a) Je remonte mes manches et je sors la vadrouille.

b) Je ferme mon cellulaire pour ne pas me faire déranger.

c) Je me demandais bien pourquoi il n'y avait pas de drain français...

15. Je tombe sous le charme d'un plex à vendre, mais je suis cassé comme un clou. Je fais quoi ?

a) Je me fais *squeegee*.

b) Je fais mes calculs et je vais voir mon banquier.

c) Banquier ? Quel banquier ?

16. Est-ce que j'ai du plaisir à spéculer ?

a) Je préfère jouer à la loterie vidéo.

b) Non, j'achète un plex pour mes petits-enfants.

c) Un propriétaire heureux est un propriétaire qui a vendu son plex.

17. Un tiers des logements du plex que je convoite sont vides. Je fais quoi ?

a) Je me dis que le bon temps d'investir dans l'immobilier est passé.

b) Je redouble d'attention : est-ce une conséquence des problèmes de l'immeuble ?

c) Si tous les appartements pouvaient être vacants, je ferais encore plus d'argent.

18. Un locataire me demande de faire une série de menus travaux. Je lui réponds quoi ?

a) J'arrive tout de suite.

b) Je t'envoie sur-le-champ un avis de reprise de logement.

c) Au prix que tu paies, ne me dérange pas.

19. Un de mes locataires paie continuellement en retard. Je réagis comment ?

a) Pourvu qu'il paie, la vie est belle.

b) Je dépose une requête à la Régie du logement.

c) Je le menace de représailles physiques.

---

20. Mon locataire m'appelle, les coquerelles ont envahi son logement. Je lui dis quoi ?

a) Les p'tites bébites ne mangent pas les grosses.

b) C'est correct, vous deviez me rendre le logement dans l'état où il était au départ.

c) Je connais un bon exterminateur, il va vous régler ça en criant c-l-o-p-o-r-t-e.

La minute de vérité

Donnez-vous deux points pour les réponses 2b, 3c, 5c, 6b, 6c, 7c, 10c, 11b, 14a, 17b, 19b.

Donnez-vous un point pour les réponses 1b, 2a, 2c, 4c, 5b, 8b, 8c, 9a, 9b, 10b, 11c, 12a, 12c, 13a, 13b, 13c, 15b, 16b, 17c, 18a, 19a, 20c.

De 0 à 5 points. Le cœur n'y est pas. Vous voulez devenir riche, mais travailler, c'est trop dur pour vous, et voler, c'est pas beau. Reste la loterie ou la tombola. Bonne chance !

De 6 à 25 points. Vous avez de bons réflexes. L'immobilier vous séduit, mais vous hésitez à faire le saut. Vous n'avez pas toutes les réponses à vos questions. Continuez la lecture de ce livre, vous saurez bientôt si le jeu en vaut la chandelle.

De 26 à 30 points. Vous avez l'attitude parfaite pour faire fortune en immobilier. Je vous soupçonne d'ailleurs d'en connaître plus que vous l'avouez. Allez, dites, combien de logements possédez-vous ?

L'immobilier est-il fait pour vous, et vous, êtes-vous fait pour l'immobilier ? Vous en avez maintenant une meilleure idée. Encore faut-il que vous sachiez pourquoi l'achat d'un immeuble locatif peut rapporter bien plus que des actions en Bourse. Attention ! Vous vous apprêtez à aborder le côté magique de l'immobilier. Harry Potter n'a qu'à bien se tenir...

Chapitre 2

La magie de l'immobilier

Pour attraper la piqûre de l'immobilier, il faut bien comprendre son avantage par rapport à d'autres types d'investissements. L'immobilier, contrairement aux autres outils de placement, permet de faire de l'argent avec l'argent d'autrui. C'est ce qu'on appelle l'**effet de levier.**

Si on les compare, on constate que le marché boursier donne en moyenne un rendement supérieur à celui de l'immobilier. Les planificateurs financiers, d'ailleurs, n'arrêtent pas de nous rebattre les oreilles avec ça. Le hic, c'est que la Bourse n'est guère hospitalière pour les petits épargnants. Un investisseur ordinaire, qui a des économies de 25 000 $ à placer en Bourse, aura droit, *en théorie*, à 25 000 $ en actions. En réalité, il aura moins, étant donné les commissions à payer aux courtiers (minimum de 30 $ par transaction chez un courtier à commissions réduites ou de 80 $ chez un courtier de plein exercice).

En immobilier, avec une mise de fonds de 25 000 $ et un prêt hypothécaire assuré, une personne met la main sur un triplex qui en vaut 10 fois plus, soit 250 000 $. Le proprio a droit à 100 % des revenus de location et à 100 % de la plus-value de l'immeuble, même s'il n'a sorti de sa poche que 10 % de la valeur de l'investissement.

L'effet de levier lié à l'endettement fait de l'immobilier un investissement plus accessible que le marché boursier parce que le montant du capital à investir est limité. Voici un exemple qui illustre la magie de l'effet de levier.

L'effet de levier

	Achat d'un triplex au comptant sans effet de levier	Achat avec emprunt, donc avec effet de levier
(A) Prix d'achat de l'immeuble	250 000 $	250 000 $
(B) Loyers – dépenses d'exploitation	25 200 $	25 200 $
Rendement de l'immeuble (B ÷ A)	10,1 %	10,1 %
(C) Mise de fonds	250 000 $	25 000 $
Prêt hypothécaire à 7 %, amorti sur 25 ans	0 $	225 000 $
(D) Intérêts payés, en tenant compte du capital remboursé chaque mois	0 $	15 416 $ (la première année)
Revenu net (B) – intérêts (D)	25 200 $	9784 $
Rendement annuel sur la mise de fonds (B – D) ÷ C :	10,1 %	39,1 %

Grâce à la magie de l'effet de levier, dans cet exemple, l'heureux investisseur multiplie par quatre son rendement sans augmenter ses loyers, simplement en ayant recours à l'endettement.

FAIRE FORTUNE EN PROFITANT DE L'EFFET DE LEVIER

L'effet de levier constitue le raccourci par excellence pour faire fortune. Quand tout va bien, c'est-à-dire quand tous les logements sont loués, que les loyers entrent comme lettre à la poste, que les dépenses sont normales et que la valeur de revente du plex s'apprécie d'année en année, le trésor que représente un immeuble locatif grossit à vue d'œil, au seul passage du temps.

Admettons que vous achetez aujourd'hui un plex. Dans un an ou deux, si le marché continue sur son erre d'aller, votre immeuble vaudra 20 000 $, 30 000 $ voire 50 000 $ de plus qu'au moment de l'achat. Dans le jargon immobilier, on dit que l'immeuble s'est bâti une « équité »; en bon français, on dit plutôt que la valeur nette de l'immeuble a augmenté.

Pour faire fortune, vous devez transformer cette plus-value en billets de banque et réinvestir rapidement le magot. Comment? En allant chercher cette valeur nette par le moyen d'un refinancement hypothécaire.

Par exemple, les 30 000 $ de plus-value que vous pouvez toucher vous serviront de mise de fonds pour l'achat d'un deuxième immeuble locatif. Si tout va bien, ce deuxième immeuble sera à son tour occupé à 100 % et prendra de la valeur au gré des saisons. Vous laissez passer un an ou deux et vous recommencez ce fructueux manège. Ce ne sera donc plus 30 000 $ que vous dégagerez, mais le double, soit 60 000 $, avec lesquels vous constituerez la mise de fonds nécessaire à l'achat d'une troisième propriété et ainsi de suite. Voilà comment on se bâtit un parc immobilier avec le moins d'argent possible.

Évidemment, ce scénario est idyllique. Malheureusement, quand ça va mal, l'effet de levier se met à multiplier non plus les profits, mais les pertes de l'investisseur mal avisé.

UNE ARME À DEUX TRANCHANTS

L'effet de levier fonctionne de la façon suivante : quand le rendement sur l'immeuble (dans notre exemple = 10,1 %) est supérieur au coût du financement hypothécaire (7 %), **l'effet de levier reste positif.**

À l'inverse, quand le rendement sur l'immeuble est inférieur au coût de l'emprunt, **l'effet de levier est négatif.** Dans un tel cas, le rendement que procure la mise de fonds devient inférieur au rendement de l'immeuble, obtenu sans avoir recours à un emprunt. Le rendement sur la mise de fonds peut même devenir négatif. Ça, ça fait mal, comme le montre le tableau suivant.

Le cauchemar de l'effet de levier

	Achat d'un triplex au comptant sans effet de levier	Achat avec emprunt, donc avec effet de levier
(A) Prix d'achat de l'immeuble	250 000 $	250 000 $
(B) Loyers − dépenses d'exploitation	18 000 $	18 000 $
Rendement de l'immeuble (B ÷ A)	7,2 %	7,2 %
(C) Mise de fonds	250 000 $	25 000 $
Prêt hypothécaire à 8 %, amorti sur 25 ans	0 $	225 000 $
(D) Intérêts payés, en tenant compte du capital remboursé chaque mois	0 $	17 600 $ (la première année)
Revenu net (B) − intérêts (D)	18 000 $	400 $
Rendement annuel sur la mise de fonds (B − D) ÷ C :	7,2 %	1,6 %

Quand l'effet de levier devient négatif, l'investisseur absorbe 100 % des pertes, même s'il a seulement mis 10 % de capital. Le petit investisseur, qui a choisi l'immobilier parce qu'il n'avait pas beaucoup de capitaux à investir, sera rapidement dépouillé s'il doit commencer à payer pour toutes les pertes. Adieu veau, vache, cochon et triplex ! Malgré ses côtés sombres, l'effet de levier en immobilier constitue un risque raisonnable, puisque le propriétaire reçoit des loyers prévisibles avec lesquels il rembourse sa dette.

Ce n'est pas le cas d'un investisseur, par exemple, qui contracte un prêt personnel pour acheter des fonds communs d'actions. Comme ses fonds communs ne lui livrent pas un revenu régulier, il rembourse la totalité de son emprunt par d'autres moyens.

En résumé, le recours à l'endettement rend l'immobilier accessible et augmente le rendement de l'investisseur. Grâce à l'effet de levier, si vous achetez un plex à bon prix, vous vous enrichirez, mais gare aux hausses possibles de taux d'intérêt.

Chapitre 3

La première piastre

En immobilier, on achète avec l'argent des autres. Comment s'y prendre alors quand on n'a pas une cenne dans ses poches ?

Les gens fortunés l'affirment : c'est le premier million de dollars qui est le plus difficile à amasser ; après, les billets se multiplient comme des lapins… ou presque. C'est la même chose en immobilier : la première acquisition reste la plus ardue. Il ne faut pas se décourager pour autant. En réalité, le défi n'est pas moins grand que celui auquel doit faire face l'entrepreneur qui cherche du financement pour sa PME naissante.

Dans ce chapitre, vous verrez que vous pouvez devenir propriétaire de logements sans même avoir d'économies. Le degré de difficulté varie selon que vous êtes déjà propriétaire ou non.

L'ACHAT D'UN PREMIER IMMEUBLE

Considérons d'abord le cas de figure le plus difficile : vous n'êtes pas encore propriétaire.

Supposons que vous vous laissez tenter par un duplex ou un triplex. Excellente décision, par ailleurs, puisque l'achat d'un duplex ou d'un triplex est un premier pas prudent pour le nouveau venu qui s'aventure dans l'univers de l'investissement « multirésidentiel », comme vous le verrez au chapitre 4.

Pour un duplex de 400 000 $, la caisse ou la banque vous prêtera, à diverses conditions, jusqu'à 80 % de la valeur de l'immeuble, soit 320 000 $. Trouver 80 000 $ quand on commence dans la vie, c'est mission impossible. Dieu merci, la mise de fonds nécessaire diminue radicalement quand on se procure une assurance prêt hypothécaire, puisque ce n'est plus une mise de fonds de 20 % ou 25 % qui est exigée, mais un minimum de 5 % ou 20 000 $, pour un duplex de 400 000 $. C'est alors l'assureur qui assume le risque, et non plus le prêteur hypothécaire, en cas de défaut de paiement de l'emprunteur.

Qui sont les assureurs hypothécaires ? Au Canada, les principaux sont la Société canadienne d'hypothèques et de logement (SCHL), une société de la Couronne, et Genworth Financial Canada, une entreprise privée.

C'est le prêteur qui transmet le dossier à l'assureur prêt. Il n'y a pas de frais d'analyse de dossier dans le cas d'un propriétaire-occupant. Pour un propriétaire investisseur, des frais de 600 $ et plus peuvent s'appliquer. Le coût de la prime d'assurance s'exprime en pourcentage du montant emprunté.

Par exemple, pour une mise de fonds de 5 % déposée par le propriétaire-occupant, la prime d'assurance est de 2,75 % du montant emprunté. Pour notre duplex de 400 000 $, si la mise de fonds est de 20 000 $, la police d'assurance revient à 10 450 $, montant auquel s'ajoute la taxe provinciale de 9 % sur les assurances. La taxe est payable immédiatement.

La prime est payable sur-le-champ ou elle peut être financée. Dans ce dernier cas, elle est ajoutée au prêt accordé. L'emprunt passe donc de 380 000 $ à 390 450 $ pour acheter le duplex de 400 000 $, ce qui fait augmenter légèrement les mensualités. C'est le prix à payer quand on a une toute petite mise de fonds.

Si vous achetez un plex comme produit d'investissement et que vous ne comptez pas y habiter, l'assureur hypothécaire acceptera d'assurer un prêt finançant jusqu'à 85 % de la valeur de l'immeuble. Si vous voulez y vivre, il sera possible de financer jusqu'à 90 % de la valeur du plex (autre qu'un duplex) avec une assurance prêt hypothécaire. Dans le cas d'un triplex de 400 000 $, vous n'avez qu'à trouver 10 % de sa valeur, soit 40 000 $, plutôt que les 100 000 $ que la banque ou la caisse ne vous prête pas. La tâche s'en trouve nettement simplifiée.

Cela dit, avec une assurance prêt, certaines conditions s'appliquent quant à la provenance de la mise de fonds. Elle doit appartenir à l'emprunteur ; elle ne peut pas avoir été empruntée à des tiers. Les dons provenant de proches parents sont toutefois permis.

Où trouver la mise de fonds dans le cas d'un prêt assuré ?

Vous constituerez votre mise de fonds – dans notre exemple, 40 000 $ – en puisant dans l'une ou l'autre des 6 sources suivantes. Bien sûr, vous pouvez combiner les sources pour amasser la cagnotte de départ.

1. L'épargne personnelle

La fourmi, reine de l'épargne, est une espèce en voie de disparition dans notre société de cigales vivant à crédit. Être démodé est tout à fait souhaitable dans ce cas-ci. En mettant de côté 100 $ par mois, vous amassez vos premiers 5000 $ en à peu près 4 ans. Serez-vous assez patient?

2. Le RAP

Pas d'argent en banque? Peut-être en avez-vous dans un régime enregistré d'épargne-retraite (REER). Lancé par le gouvernement fédéral, le régime d'accession à la propriété, ou RAP, permet aux futurs proprios de retirer jusqu'à 20 000 $ par personne – 40 000 $ pour un couple – d'un REER, en franchise d'impôt, pour financer l'achat d'une première propriété. Les fonds doivent rester dans le REER au moins 90 jours avant d'être retirés. La transaction est sans frais.

Le RAP est populaire auprès des premiers acheteurs. En 2004, un sondage mené par la Société d'habitation du Québec indiquait que 62 % des premiers acheteurs d'une maison neuve se servaient du RAP pour constituer leur mise de fonds.

Vous avez 15 ans pour rembourser les sommes puisées dans votre REER. Vous devez obligatoirement rembourser chaque année 1/15e de la somme jusqu'à ce que le solde du RAP soit nul. À défaut de le faire, vous devrez ajouter ce montant à vos revenus gagnés cette année-là.

Une façon astucieuse d'utiliser le RAP consiste à se servir de son retour d'impôt pour augmenter sa mise de fonds. Prenons l'exemple d'un acheteur avec ce profil :

- 5000 $ en espèces
- 0 $ dans son REER
- Droits de cotisations au REER inutilisés de 10 000 $

En empruntant 10 000 $ pour son REER (taux marginal d'imposition : 42 %), il économise 4200 $ en impôt, montant qui s'ajoutera à sa mise de fonds. Au moins 90 jours plus tard, grâce au RAP, il retire 10 000 $ de son REER, montant qui servira à rembourser le prêt REER qu'il a contracté. Sa mise de fonds est passée de 5000 à 9200 $, comme par magie !

Les planificateurs financiers, les conseillers financiers et autres « vendeux » de fonds communs vous diront que l'utilisation du RAP est la pire chose à faire, que votre capital de retraite sera dangereusement amputé. Ce qui est sans doute vrai. Dans un article du *Journal Les Affaires* du 24 janvier 2004, on lisait qu'un jeune de 30 ans qui retire 20 000 $ de son REER comptera 145 000 $ de moins dans son régime à 65 ans. Ce calcul est basé sur un rendement annuel composé estimé à 8 %.

Quant aux courtiers immobiliers, aux agents hypothécaires et aux prêteurs, ils vous diront au contraire que c'est la meilleure décision à prendre, puisque le RAP vous permet de réaliser votre rêve facilement et rapidement.

Pour ma part, je crois que le RAP est une excellente avenue pour amasser le capital nécessaire à l'achat d'un plex.

Accéder à la propriété est d'abord et avant tout une question de qualité de vie. Devenir propriétaire en achetant un immeuble locatif est au surplus un investissement, au même titre que l'achat de fonds communs dans un REER. Vous faites d'une pierre deux coups.

Le plex procure des revenus réguliers et s'apprécie avec le temps, comme des unités de fonds communs. Plus ou moins rapidement que des fonds communs ? Seul l'avenir peut le dire. Ce qui est sûr cependant, c'est qu'au moment de prendre votre retraite dans 20 ou 30 ans, votre plex sera entièrement payé. Les loyers perçus, une fois les dépenses d'exploitation payées, s'ajouteront à vos revenus de retraite sans amputer votre capital. En plus, si c'est ce que vous voulez, votre plex vous servira de résidence durant toutes ces années. Difficile d'être contre le RAP dans ces conditions.

Pour profiter du RAP, vous ne devez pas avoir été propriétaire depuis cinq ans. Et avant de recommencer, vous devez avoir terminé de rembourser ce que vous avez puisé dans votre REER à l'aide du RAP.

3. L'argent de ses proches

Le *love money* est une source précieuse de capital bon marché. Il ne faut pas refuser de s'y abreuver.

Vous craignez de demander la charité ? Détrompez-vous ! Accéder à la propriété – surtout si c'est une propriété qui génère des revenus – est un accomplissement. Parent, parrain ou « mononc' » devraient être fiers de voir leur jeune devenir propriétaire au même titre que de le voir obtenir un diplôme universitaire. D'ailleurs, personne ne se pose de questions quand un proche parent paie les études d'un jeune. Pourquoi devrait-il en être autrement quand il s'agit de l'épauler pour l'achat d'un premier immeuble locatif ?

De toute façon, le fait de donner 5000 $ pour l'achat d'une propriété qui en vaut 400 000 $ s'apparente bien plus à un coup de pouce tout à fait légitime qu'à une aumône. Ce don de 5000 $ évitera sans doute aux parents des sorties de fonds passablement plus lourdes à l'avenir parce que le plex aidera le grand enfant à devenir autonome financièrement.

Le transfert d'argent se fait-il sans formalité ou, au contraire, doit-on officialiser la chose ? Si c'est un don, je ne vois pas la nécessité de signer des papiers. Par contre, si la contribution est considérée comme un prêt avec ou sans intérêt, mieux vaut s'engager par écrit, chez le notaire, au besoin, pour sauvegarder l'harmonie familiale. Je vous rappelle qu'aux yeux de l'assureur prêt les sommes empruntées aux proches ne sont pas permises pour constituer une mise de fonds.

C'est votre famille, vous êtes donc le meilleur juge pour décider de la marche à suivre. En cas de doute, consultez un notaire.

4. Un héritage ou une avance sur héritage

Bon nombre de retraités ont connu la sécurité d'emploi, les régimes de retraite blindés et les programmes sociaux généreux. En conséquence, plusieurs ont amassé un butin qui leur survivra. Pourquoi attendre encore 20 ans avant d'en faire profiter leurs descendants, alors que c'est tout de suite, pendant qu'ils bâtissent famille et carrière, qu'ils en ont le plus besoin? Pour les parents, cela devrait être une joie de voir leur enfant investir intelligemment son héritage dans un immeuble locatif qui assurera la sécurité financière des siens.

Pour espérer puiser à cette source de financement, vous devez avoir une sérieuse conversation avec vos parents. Je sais, ce n'est pas toujours facile de parler à ses vieux, mais prenez votre courage à deux mains et foncez. Comme le dirait le physicien et auteur Pierre Morency, demandez et vous recevrez.

Expliquez d'abord à vos parents votre projet d'investissement. Décrivez en détail la provenance des fonds que vous investirez et identifiez le chaînon manquant à votre montage financier, celui qu'ils peuvent fournir. Précisez le montant que vous souhaitez obtenir d'eux.

Demandez-leur clairement s'ils peuvent vous aider, par exemple en vous avançant une partie de votre héritage. Vos parents seront sans doute surpris par votre demande et se réserveront un temps de réflexion, que vous respecterez. À tête reposée, papa et maman discuteront et se féliciteront du sérieux de votre projet. Ils se réjouiront probablement de votre sens des responsabilités et, à la fin, seront heureux de vous donner un coup de pouce s'ils en ont les moyens.

Pour procéder à l'avance comme telle, vos parents pourront consulter leur notaire, surtout si la somme en jeu est substantielle. Peut-être leur testament devra-t-il être modifié afin de tenir compte du versement de l'avance. Le principe de base est que l'avance constitue un don qui sera soustrait de l'héritage à recevoir au décès de vos parents. On peut compliquer le portrait à souhait. L'avance peut devenir un prêt, portant intérêt ou pas. Dans ces cas de figure, que vos parents courent chez le notaire pour clarifier leurs intentions et les mettre sur papier.

Avant de procéder, vos parents doivent évidemment prévoir se garder assez d'argent pour assurer leur sécurité financière. Ensuite, s'ils ont d'autres héritiers, ils seront bien avisés de prévoir à leur intention une avance semblable pour éviter toute apparence de favoritisme. Par exemple, papa et maman prévoyaient léguer à leur décès 100 000 $ à chacun de leurs trois enfants. Leur fils aîné, fin vingtaine, leur demande une avance de 20 000 $ sur les 100 000 $ prévus en héritage. Après avoir rencontré leur conseiller financier ou un fiscaliste qui a élaboré pour eux la meilleure stratégie, papa et maman conviennent de verser de leur vivant 20 000 $ à leurs enfants, au moment où chacun achètera sa première propriété.

5. Les subventions des pouvoirs publics

Régulièrement, les paliers de gouvernement lancent des programmes de subventions dans le but de faciliter l'accès à la propriété.

À Montréal, où le prix des propriétés chasse les jeunes familles hors de l'île, le programme pour l'accession à la propriété offre une aide financière aux premiers acheteurs afin de leur permettre d'en acquérir une à prix abordable. L'aide vaut pour la copropriété mais également pour les plex de deux à cinq logements, si l'acquéreur louait auparavant un des logements de l'immeuble. La subvention atteint 5500 $ pour un duplex et 8500 $ pour un plex de cinq logements.

La subvention est versée quand le nouveau propriétaire a démontré qu'il occupe le logement. Il faut acheter l'immeuble, y emménager, puis demander la subvention. Elle ne peut donc pas servir de mise de fonds. Par contre, l'acheteur pourrait convaincre un proche de lui avancer la somme en ayant en main la promesse qu'une subvention l'attend.

À Laval, le programme municipal d'accession à la propriété consiste en une remise d'impôt foncier pouvant atteindre 5000 $ en 5 ans pour les jeunes familles.

À Québec, l'administration municipale, de concert avec le gouvernement du Québec et la Société d'habitation du Québec, finance une demi-douzaine de programmes d'aide, dont l'accession à la propriété.

La plupart des villes offrent des programmes semblables. Des renseignements à ce sujet sont affichés sur leur site Internet.

6. L'assurance vie universelle

Dans leur livre *Les bons comptes font les bons couples*, Lison Chèvrefils et Denise Archambault ne jurent que par l'assurance vie universelle.

L'assurance vie universelle est une police d'assurance vie jumelée à un produit d'épargne facilement accessible pour des projets qui vous sont chers, par exemple, l'achat d'un premier plex.

Comment ça marche ? Supposons que votre père a souscrit à une telle police pour vous quand vous étiez gamin. Tous les mois, il a payé un montant à la compagnie d'assurances : une partie servait à payer la prime d'assurance vie, l'autre partie était un montant d'épargne qui a fructifié à l'abri de l'impôt.

Aujourd'hui devenu adulte, vous avez, en tant que bénéficiaire de la police, le loisir de retirer la somme ainsi économisée afin de constituer une mise de fonds pour acheter un plex. Une partie de l'argent est toutefois imposable et peut être subordonnée à des frais de rachat.

Le compte est bon !

Vous cherchiez 40 000 $ parce que vous n'aviez rien au départ ? Voyons où vous en êtes.

Grâce au RAP, vous allez chercher 5000 $ en retour d'impôt presque par enchantement.

Tonton Serge est bien content d'aider son seul neveu : un autre 5000 $.

Papa et maman ont accepté de vous avancer une partie de votre héritage. Vous puisez là 20 000 $.

Dans le but d'encourager l'accession à la propriété, la Ville offre 5000 $ aux premiers acheteurs d'une propriété située dans ses vieux quartiers.

Finalement, vous puisez 5000 $ dans la partie épargne de la police d'assurance vie universelle que grand-maman avait prise en votre nom quand vous étiez bambin.

Le compte est bon !

Bon, vous allez me dire que le seul héritage qui vous attend est un album de photos jaunies, que votre parrain, l'unique oncle que vous avez, est alcoolique et pauvre comme Job, et puis que jamais personne n'a eu la clairvoyance de vous offrir une assurance vie universelle quand vous étiez bébé.

Devez-vous renoncer au statut de proprio pour autant ? Du tout ! Considérez alors l'achat du plex avec votre conjoint ou un partenaire d'affaires, chacun devant verser 20 000 $. La stratégie du RAP reste pertinente et vous procure 5000 $ en retour d'impôt. Comme la subvention municipale de 5000 $ tient toujours, chacun de vous reçoit 2500 $ de plus. Vous avez donc en poche 7500 $.

Vous vous cuisinez un lunch pour le repas du midi et vous prenez l'autobus pour vous rendre au travail. Vous libérez ainsi 400 $ par mois, que vous déposez dans le REER, tout comme le retour d'impôt. À un taux de rendement annuel composé de 5 %, vous parviendrez à amasser plus de 15 000 $ en 3 ans, ce qui est largement suffisant pour compléter la mise de fonds de 20 000 $.

Allez, un petit effort !

Où trouver la mise de fonds dans le cas d'un prêt non assuré ?

Si vous touchez de bons revenus, vous pouvez décider de vous passer de l'assurance prêt. Vous financerez alors votre plex en contractant un prêt hypothécaire conventionnel, d'un montant équivalant à 75 % ou moins (80 % si vous êtes propriétaire-occupant d'un plex de 1 à 4 logements) de la valeur de l'immeuble.

Toujours pour un triplex de 400 000 $, vous devrez amasser une mise de fonds de 100 000 $. Un emprunt peut servir à la constituer, puisque vous n'avez plus à vous plier aux contraintes de l'assureur prêt. Voici les formes que peut prendre cet emprunt.

1. Le prêt personnel

Pour constituer votre mise de fonds de 100 000 $, vous aurez commencé par rassembler certaines sommes (économies, dons, etc.). Vous contractez pour la différence un prêt personnel. Si le prêteur se montre réticent à vous avancer l'argent, vous chercherez quelqu'un qui se portera garant : un parent, un ami ou un mentor.

Avantages :

- *Flexibilité dans le remboursement du prêt.* Ici, pas de pénalité à craindre en cas de remboursement anticipé. Vous remboursez ce que vous pouvez quand vous le voulez. Bien entendu, plus vous tardez, plus vous payez de l'intérêt.
- *Aucuns frais de notaire ni d'évaluateur.* Avec un prêt personnel, la maison n'est pas donnée en garantie. En fait, le prêteur vous avancerait la somme même si vous n'achetiez pas de maison.

Inconvénients :

- *Taux d'intérêt plus élevé que celui d'un prêt hypothécaire.* Le prêteur ne prend rien en garantie, mais il se protégera en exigeant un taux d'intérêt plus élevé sur le prêt, entre 10 et 11 % (en juin 2007), comparativement à un taux de 6 % lorsqu'il y a une garantie hypothécaire.
- *Effet de levier au maximum.* Évidemment, lorsque vous empruntez la somme servant de mise de fonds, l'achat du plex se fait totalement à crédit. Si vous louez tous vos logements dès le premier jour, que vos dépenses ne sont pas exagérées et que l'immeuble prend de la valeur, votre rendement sera mirobolant par rapport à l'argent que vous y avez investi. C'est-à-dire pas grand-chose. Par contre, si les choses se mettent à tourner sur des roues carrées, ayoye. Vous assumez 100 % des pertes. Pour vous en convaincre, relisez le chapitre 2.

2. Le prêt équivalant au solde du prix de vente

Le vendeur de l'immeuble locatif peut vous accorder un prêt équivalant au solde du prix de vente moyennant une garantie sous forme d'hypothèque de premier ou, plus fréquemment, de second rang.

Reconsidérons ce plex de 400 000 $ pour lequel vous voulez déposer un acompte de 25 %, soit 100 000 $. Admettons que vous avez trouvé 75 000 $ puisés à même les différentes sources de fonds proposées. Il vous manque donc 25 000 $. Question : où les trouver ? Réponse : auprès du vendeur du plex lui-même !

Le vendeur pourrait vous avancer 25 000 $ par un solde de prix de vente (aussi appelé fautivement *balance de vente*). Le solde de prix de vente est un prêt qui équivaut à la différence entre le prix que demande le vendeur pour le plex et l'argent que vous, l'acheteur, lui versez pour l'acquisition de ce bien. Vous vous engagez à lui rembourser cette somme généralement dans les cinq ans. Le prêt porte intérêts à taux concurrentiel.

De son côté, le vendeur prendra une hypothèque de second rang sur l'immeuble pour garantir son prêt. Si vous ne le payez pas, il reprendra le plex après avoir remboursé le premier créancier hypothécaire, soit votre établissement financier. Vous devrez payer des frais de notaire pour l'enregistrement au registre foncier de l'acte hypothécaire du vendeur.

Pour vous, acheteur, cette avenue est avantageuse. Vous prenez possession d'un immeuble de 400 000 $ avec seulement 75 000 $, sans avoir recours à une assurance prêt hypothécaire. Vous versez chaque mois les intérêts sur la somme avancée (25 000 $), que vous remboursez à la fin de la période du prêt ou même avant. Vous faites le pari que la valeur du plex s'appréciera pendant ces années. Au bout de trois ans, par exemple, vous rembourserez votre solde de prix de vente en demandant à votre établissement financier de refinancer votre plex pour un montant plus imposant.

Et comment ça marche ? Disons qu'à l'achat du plex de 400 000 $, vous avez contracté une hypothèque de 300 000 $ pour un terme de 3 ans à 6 % et un solde de prix de vente de 25 000 $, remboursable à la même date que l'échéance du prêt hypothécaire.

Pendant ces 3 ans, la valeur de votre plex s'est appréciée de 3 % par année en moyenne. Votre immeuble, qui valait 400 000 $, vaut donc 3 ans plus tard 437 000 $. À l'échéance de votre terme de 3 ans, votre solde hypothécaire sur l'emprunt de 300 000 $ s'élève à 283 000 $; vous avez donc remboursé en capital environ 17 000 $. Au renouvellement de l'hypothèque, vous demandez à votre établissement financier de refinancer votre plex à 75 % de sa valeur de 437 000 $, soit 327 750 $.

Cette stratégie entraîne des frais de notaire, car il faut radier, c'est-à-dire annuler, l'hypothèque précédente et enregistrer la nouvelle au registre foncier. L'établissement financier exigera un rapport d'évaluation de la valeur de la propriété, ce qui occasionne d'autres dépenses. Qu'importe, le jeu en vaut souvent la chandelle.

En effet, en vous prêtant 327 750 $, l'établissement financier gardera pour lui le solde de la vieille hypothèque de 283 000 $ et vous versera la différence, soit 44 750 $. De ce montant, vous prendrez 25 000 $ pour rembourser votre solde de prix de vente que vous a gentiment avancé le vendeur 3 ans plutôt. Et le tour est joué.

Une question vous brûle les lèvres : pourquoi le vendeur ferait-il preuve d'autant de générosité à votre endroit en vous prêtant 25 000 $? Pourquoi accepterait-il de renoncer temporairement à une partie de son prix de vente ? Après tout, s'il vend le plex, c'est qu'il en assez de toute cette gestion.

La vérité est que le vendeur y trouve son compte. En accordant un tel prêt, il augmente le bassin d'acheteurs pour son plex. Plus l'acompte est bas, plus il y a de gens dans le marché capables de le payer. Les acheteurs potentiels qui ont un capital de 75 000 $ à investir sont plus nombreux que ceux qui ont un capital de 100 000 $, c'est une évidence. Et plus il y a d'acheteurs intéressés, plus c'est facile pour un vendeur d'obtenir son prix.

Résumons les avantages et les inconvénients de cette source de financement.

Avantages :

- *Mise de fonds réduite.* Dans notre exemple, vous n'avez plus besoin de verser un acompte de 100 000 $. Avec le solde de prix de vente, vous ne versez que 75 000 $ pour l'achat du plex. Tant mieux pour vous !
- *Argent des autres qui travaille pour vous.* Les 25 000 $ du solde de prix de vente se remboursent tout seuls en 3 ans, simplement sous l'effet du temps qui passe. Vous n'avez pas eu à sortir un sou de vos poches, sauf pour payer les intérêts, ce qui est bien normal. N'est-ce pas merveilleux l'immobilier quand ça va bien ?

Inconvénients :

- *Des frais, encore des frais, toujours des frais.* Le recours au solde de prix de vente entraîne des frais de notaire, tout d'abord à l'achat du plex, parce que vous devez faire inscrire au registre foncier une hypothèque de second rang au nom du vendeur. Au remboursement du solde de prix de vente, vous paierez à nouveau pour faire radier l'hypothèque de second rang. L'établissement financier vous imposera aussi des frais pour radier l'hypothèque initiale et pour inscrire la nouvelle hypothèque d'un montant plus important. En plus, il vous demandera de payer pour l'évaluation de la propriété.
- *Taux d'intérêt plus élevé.* Logiquement, le vendeur qui accepte un solde de prix de vente exigera un taux d'intérêt plus élevé que le premier créancier hypothécaire, généralement une banque ou une caisse. C'est le prêteur de premier rang qui se fait payer en premier si les choses tournent mal. Le prêteur de deuxième rang, comme le vendeur dans le cas d'un solde de prix de vente, assume un risque plus élevé, car il se fait payer en dernier.

3. Les remises en argent des institutions financières

Les institutions financières rivalisent d'originalité pour concevoir des promotions qui attireront les nouveaux propriétaires-occupants chez elles. Une promotion populaire auprès des clients désargentés est le versement d'argent comptant à la signature d'un nouveau prêt hypothécaire. Les offres de remise en argent équivalant à 3 %, 4 % voire 5 % de la valeur de l'emprunt sont fréquentes.

Vous manquez justement d'argent pour constituer votre mise de fonds ? Pourquoi ne tirez-vous pas profit de ces généreuses remises ? Pour un plex de 400 000 $, vous négociez une hypothèque de 300 000 $; vous représentez donc un sapré bon client pour une banque ! Profitez-en. Une remise en argent de 5 % pour un prêt avec un terme de 7 ans prendra la forme de 15 000 $ dans vos poches.

Avantage :

- *Rien ne vaut de l'argent.* Vous cherchez par tous les moyens à amasser un acompte de 100 000 $ pour acheter un plex ? Voilà une façon de trouver 15 000 $ sans trop vous forcer. Pouvez-vous vous offrir le luxe de vous en passer ?

Inconvénient

- *Tout a un coût.* Comme rien n'est gratuit dans la vie, cette promotion vous coûte quelque chose. Votre prêt portera un taux d'intérêt plus élevé que la normale. En fait, vous aurez droit au taux affiché, lequel est généralement plus élevé de 100 points de base ou 1 point de pourcentage que le taux accordé à la plupart des clients. Par exemple, votre taux sera de 6,5 % sur 5 ans, plutôt que de 5,5 % pour les emprunteurs qui ne profitent pas de la remise en argent. De façon générale, il est plus économique de choisir une réduction du taux de 100 points de base par rapport au taux en vigueur pour un terme de 5 ans que de toucher une remise en argent de 3 %.

LA DEUXIÈME ACQUISITION

Considérons l'autre cas, celui où vous êtes déjà propriétaire. Vous avez, par exemple, une maison unifamiliale et vous voulez maintenant investir dans un plex pour devenir plus riche, ce qui est une excellente idée. Pour acquérir un plex de 400 000 $, vous devez donc trouver 100 000 $. Où allez-vous piger l'argent qui servira à votre mise de fonds ? Dans votre propriété, tout simplement !

Entre 2000 et 2007, la valeur des habitations a explosé au Québec. Plusieurs propriétaires comme vous sont assis sur une mine d'or. Il suffit de vous servir de ce trésor comme mise de fonds pour l'achat d'un immeuble locatif.

Comment dégager des fonds à partir de votre première propriété

Imaginons que vous avez acheté une maison de 200 000 $ en 2000. Celle-ci vaut peut-être 300 000 $ aujourd'hui. La valeur nette de la propriété, laquelle équivaut à la valeur marchande moins la dette hypothécaire, a donc augmenté de 100 000 $, sans tenir compte du remboursement du capital que vous avez fait pendant ces 7 années. En effet, chaque versement hypothécaire comprend le paiement des intérêts courus et un remboursement du capital emprunté.

En refinançant votre maison, vous pouvez aller chercher jusqu'à 100 000 $, que vous utiliserez comme acompte sur l'achat d'un immeuble locatif. Comment aller chercher ces 100 000 $? Quatre avenues s'offrent à vous.

1. L'hypothèque de second rang

Votre maison payée 200 000 $ en 2000 a été financée à l'aide d'un prêt hypothécaire de 150 000 $. Disons que le solde après 7 ans est de 100 000 $. Pour constituer la mise de fonds nécessaire à l'achat du plex que vous convoitez, vous contractez une seconde hypothèque sur votre résidence principale. Le montant maximal que pouvez aller chercher correspond à la différence entre 75 % de la valeur de la maison et le solde de la première hypothèque.

Donc, si votre maison vaut aujourd'hui 300 000 $, 75 % de sa valeur représente 225 000 $. On soustrait de ce montant le solde de la première hypothèque, soit 100 000 $ (75 % X 300 000 $ = 225 000 $ - 100 000 $ = 125 000 $). Cela donne 125 000 $, que vous avez la possibilité d'emprunter avec une hypothèque de second rang.

Selon moi, l'hypothèque de second rang est une avenue à considérer seulement dans l'hypothèse où le refinancement de l'hypothèque principale devient trop coûteux en raison des pénalités qu'impose l'établissement financier.

Avant de recourir à une hypothèque de second rang, assurez-vous d'avoir les reins assez solides pour effectuer ce deuxième paiement mensuel. Les immeubles locatifs sont chers en 2007, si bien qu'il est pratiquement impossible de trouver un immeuble financé à 100 % (75 % avec une première hypothèque et 25 % avec une deuxième hypothèque) capable de se payer uniquement avec les loyers. Il faut donc que le revenu tiré de votre emploi soit suffisant pour supporter cette dette supplémentaire.

Avantages :

- *Choix de l'institution prêteuse et pouvoir de négociation.* Comme vous n'êtes soumis à aucune pression extérieure, vous pouvez vous promener d'un établissement financier à l'autre pour trouver lequel vous offre le meilleur taux. Vous avez ainsi un bon pouvoir de négociation. De plus, le taux d'intérêt d'une deuxième hypothèque est plus bas que le taux d'intérêt d'un prêt personnel ou d'une marge de crédit.
- *Absence de pénalité.* Comme vous ne modifiez pas votre prêt hypothécaire initial, aucune pénalité ne vous est imposée.

- *Somme disponible importante.* Grâce à l'hypothèque de second rang, vous empruntez ce dont vous avez besoin jusqu'à concurrence de 75 % de la valeur actuelle de votre propriété. Vous n'êtes pas limité à la valeur de votre prêt hypothécaire initial, comme c'est le cas avec d'autres options de refinancement.

Inconvénients :

- *Taux d'intérêt plus élevé.* Une hypothèque de second rang est considérée, aux yeux du prêteur, comme un prêt plus risqué qu'une première hypothèque. Si vous deviez faire la cession de vos biens, c'est le premier prêteur qui sera d'abord remboursé avec la vente de l'immeuble ; viendra ensuite le second prêteur. Compte tenu du risque plus élevé, le prêteur exigera un taux d'intérêt plus élevé sur son prêt que dans le cas d'un premier prêt hypothécaire. D'où l'idée de considérer en premier lieu – quand c'est possible – le refinancement de la première hypothèque.

- *Frais d'évaluation et de notaire à payer.* Le prêteur qui vous accordera une hypothèque de second rang voudra s'assurer de la valeur de votre plex. Il vous demandera d'en payer l'évaluation, qui coûte de 150 $ à 500 $ pour un plex, selon le nombre de logements. Au surplus, tout acte hypothécaire, dont l'hypothèque de second rang, doit être notarié. Prévoyez de 500 $ à 1000 $.

2. Le refinancement de l'hypothèque principale

Le propriétaire-investisseur qui a déjà remboursé une bonne partie de son prêt hypothécaire d'origine peut emprunter à nouveau ce capital grâce à une clause devenue usuelle dans les contrats de prêts hypothécaires. Chez Desjardins, on l'appelle la clause Multiprojets. La Banque Royale la nomme Options Fonds supplémentaires, tandis que pour la BMO Banque de Montréal, il s'agit du compte Accès liquidités hypothécaires, mais dans ce cas précis, le montant disponible correspond au capital remboursé par anticipation seulement.

Le refinancement de l'hypothèque principale vous permet d'obtenir, sans avoir à signer un nouveau contrat de prêt, des fonds supplémentaires en fonction de la valeur de votre maison. Reprenons notre exemple. Votre maison payée 200 000 $ en 2000 est grevée d'une première hypothèque dont le solde, après 7 ans, est de 100 000 $. Le prêt hypothécaire s'élevait au départ à 150 000 $. Grâce à ces options Multiprojets, Fonds supplémentaires et autres, vous pouvez réemprunter aisément la différence entre le montant du prêt au départ (150 000 $) et le solde actuel de l'hypothèque (100 000 $), soit 50 000 $.

Le taux d'intérêt applicable pour ce « réemprunt » de 50 000 $ est celui en vigueur. On calcule un taux pondéré. Vos versements sont corrigés en fonction des nouveaux montants de capital et d'intérêts. Par exemple, l'hypothèque originale reste au taux consenti, tandis que le nouveau montant est au taux en vigueur. Les deux taux sont pondérés pour ne devenir qu'un seul taux, proportionnellement au montant des deux prêts. Disons que vous avez une hypothèque de 200 000 $ à un taux de 5 % avec un terme de 5 ans. Après 2 ans, vous désirez faire des réparations et devez réemprunter 30 000 $; le taux du jour est de 6 %. Vous payerez un taux entre 5 et 6 % pour le reste du terme, soit 3 ans. Vous ne payerez pas d'autres pénalités.

Le refinancement de l'hypothèque principale est l'avenue la plus avantageuse. Simple et souple, elle vous évite la plupart des frais, dont ceux de notaire. Mais à elle seule, sera-t-elle suffisante pour constituer le capital de 100 000 $? Dans notre exemple, le refinancement de l'hypothèque principale permet d'encaisser 50 000 $ sur les 100 000 $ nécessaires à la mise de fonds. Il faut donc puiser à d'autres sources. Avant de les explorer, voyons les avantages et les inconvénients du refinancement de l'hypothèque principale.

Avantages :
- *Fonds accessibles.* Bien souvent, ces options Multiprojets et Fonds supplémentaires viennent automatiquement avec les hypothèques conventionnelles, à la signature du contrat de prêt initial. Les fonds sont là,

accessibles. Un simple coup de fil à votre établissement financier (« J'ai besoin de *cash* ») et le tour est joué. Pas de grandes explications à donner. Qui dit mieux ?

- *Pas cher, pas cher.* Pas de frais de notaire, pas d'évaluateur à payer dans la plupart des cas et pas de pénalité parce que vous ne remboursez pas votre prêt hypothécaire de façon anticipée, vous faites même le contraire ! Vous réempruntez un capital que vous avez déjà remboursé.

- *Taux d'intérêt avantageux.* Le taux d'intérêt sur ce capital réemprunté est toujours moins élevé que sur une hypothèque de second rang, puisque l'emprunt se fait dans le cadre du contrat de prêt hypothécaire initial. Ainsi, votre créancier sera toujours le premier à se faire rembourser si, par malheur, vous n'étiez plus en mesure d'honorer vos obligations financières. Le taux d'intérêt qui s'appliquera sera équivalent à celui en vigueur pour la durée du terme à écouler. Par exemple, si le terme du prêt hypothécaire est de 5 ans et qu'au bout de 3 ans, vous réempruntez 50 000 $, ils porteront intérêt au taux fixe du terme de 2 ans en vigueur au moment du réemprunt.

Inconvénient :

- *Montant disponible limité.* Ce moyen de financement n'est pas pertinent si vous n'avez pas eu le temps de rembourser une bonne partie de votre prêt hypothécaire. Dans notre exemple, cette avenue permet de libérer 50 000 $, soit la moitié de la mise de fonds nécessaire à l'achat d'un plex de 400 000 $.

3. La marge de crédit hypothécaire

Toujours dans le registre du refinancement, la marge de crédit hypothécaire est une autre possibilité. Il s'agit d'une marge de crédit qui préautorise jusqu'à 75 % de la valeur de votre maison. L'institution prêteuse prend alors la maison en garantie. Cette marge de crédit augmente à mesure que vous remboursez votre prêt hypothécaire. Une fois la demande approuvée, les fonds sont facilement accessibles.

D'abord créée pour financer des travaux de rénovation, la marge de crédit hypothécaire a évolué et sert maintenant à bien d'autres fins, dont la constitution d'une mise de fonds pour l'achat d'un immeuble locatif. Cet outil financier comporte en gros les mêmes avantages que le refinancement hypothécaire. Lorsque la marge de crédit hypothécaire est négociée à la signature du prêt hypothécaire original, comme c'est souvent le cas de nos jours, on peut y recourir sans frais.

Reprenons notre exemple. Votre maison payée 200 000 $ en 2000 est grevée d'une hypothèque dont le solde, après quelques années, se situe à 100 000 $. Le prêt hypothécaire s'élevait au départ à 150 000 $. Dans ce cas précis, la marge de crédit hypothécaire vous donne accès à des capitaux de 50 000 $ tout au plus, soit la différence entre 75 % de la valeur de la maison au départ (150 000 $) et le solde de l'hypothèque (100 000 $).

La marge de crédit hypothécaire convient bien à un propriétaire qui a eu le temps d'accumuler de l'avoir net dans sa maison. Pour les plus jeunes proprios, la formule a aussi ses avantages, mais elle ne permettra pas de dégager tout l'argent nécessaire à la mise de fonds.

Avantages :
- *Taux d'intérêt préférentiel.* La marge de crédit hypothécaire porte souvent intérêt au taux préférentiel, le taux réservé aux meilleurs clients des institutions financières. Certaines d'entre elles, la Banque Royale par exemple, segmentent le montant emprunté à la marge, chaque segment étant assorti d'un terme et d'un taux hypothécaire distinct, pour se prémunir contre les fluctuations de taux d'intérêt. Admettons que vous puisez 20 000 $ dans votre marge de crédit hypothécaire. Vous pouvez diversifier cet emprunt : 10 000 $ à taux fixe pour 5 ans et 10 000 $ à taux variable. La portion à taux variable vous permet de tirer parti des taux à court terme, généralement plus bas que les taux à long terme, tandis que la portion à taux fixe vous protège en cas de hausse des taux.

• *Flexibilité de remboursement.* Avec une marge de crédit, vous ne payez souvent que les intérêts. Vous remboursez le capital seulement lorsque vous avez l'argent.

• *Intérêt moindre.* Contrairement au refinancement et au prêt hypothécaire ordinaire, avec la marge de crédit, vous ne payez l'intérêt que sur le crédit réellement utilisé. Quand on s'en sert intelligemment, la marge de crédit revient donc moins cher à la longue.

Inconvénients :

• *Discipline nécessaire.* Vous devez faire preuve de discipline pour vous servir d'une marge de crédit, sinon elle vous coûtera cher. Généralement, aucun calendrier de remboursement n'est établi à l'avance ; vous devez donc être rigoureux dans le remboursement de votre marge de crédit.

• *Frais d'évaluation et de notaire à payer.* Si votre prêt hypothécaire ne prévoit pas de marge de crédit, son ajout devra recevoir le sceau du notaire. Idem si vous n'avez plus de dette sur la maison. Vous devez aussi vous attendre à payer des frais d'évaluation.

• *Montant disponible limité.* Selon notre exemple, la marge de crédit hypothécaire permet de libérer 50 000 $. Vous êtes loin des 100 000 $ nécessaires à la mise de fonds pour un plex de 400 000 $.

4. Une nouvelle hypothèque principale

Un propriétaire a le loisir de « réhypothéquer » sa maison jusqu'à concurrence de 75 % de sa valeur en lieu et place de son hypothèque initiale.

Dans notre exemple, votre maison, payée 200 000 $ en 2000, vaut 300 000 $ en 2007. Vous décidez d'investir la plus-value de votre maison dans un plex. Vous demandez alors à votre prêteur de « casser » votre hypothèque en la remboursant avant son terme. À la place, vous contractez un nouveau prêt hypothécaire correspondant à 75 % de la valeur actuelle de votre maison, soit 225 000 $ (75 % de 300 000 $).

L'établissement financier rembourse le solde hypothécaire de votre hypothèque initiale, qui est de 100 000 $ dans notre exemple, et vous verse la différence de 125 000 $, soit plus que les 100 000 $ qu'il vous faut comme acompte pour acheter le beau triplex que vous convoitez. Bravo !

Cette avenue est à privilégier seulement si l'achat de votre plex coïncide avec le renouvellement du prêt hypothécaire de votre résidence principale, auquel cas vous éviterez les pénalités pour remboursement anticipé. En tout autre temps, l'hypothèque de second rang reste plus avantageuse. Évidemment, il faut voir les taux d'intérêt en vigueur et les pénalités applicables. Faites vos calculs.

Avantages :

- *Taux d'intérêt alléchant.* En refinançant l'hypothèque principale, vous bénéficierez d'un taux d'intérêt fort avantageux, moins élevé que s'il s'agissait d'une deuxième hypothèque. Si en plus vous faites jouer la concurrence en magasinant votre hypothèque, il se pourrait bien que votre prêteur accepte d'absorber certains frais, comme les honoraires du notaire ou de l'évaluateur. N'hésitez pas à faire appel à un courtier hypothécaire indépendant, qui négocie en votre nom la meilleure hypothèque adaptée à vos besoins. Ses services ne vous coûtent rien, puisque le courtier touche une commission versée par l'institution prêteuse.

- *Grosse somme disponible.* L'argent est là. Vous ne le saviez pas, mais tout l'argent dont vous avez besoin pour acquérir un immeuble locatif était caché dans votre maison. Il suffisait d'aller le chercher.

Inconvénients :

- *Pénalité.* Si vous cassez votre hypothèque avant terme, vous aurez une pénalité salée à payer. Elle correspond généralement au différentiel de taux d'intérêt pour la durée du terme à courir. En cas de différentiel négatif (le nouveau prêt hypothécaire porte intérêt à taux plus élevé que le prêt précédent), la pénalité correspond à trois mois d'intérêts.

L'établissement financier peut convertir cette pénalité en points de base sur le nouvel emprunt hypothécaire. Qu'importe la façon dont vous la payez, elle fait toujours mal au porte-monnaie! Essayez de négocier.

- *Frais de notaire et d'évaluateur à payer.* Une chose est sûre, votre notaire va vous aimer! Vous allez le payer pour faire radier la vieille hypothèque du registre. Vous allez le repayer pour enregistrer la nouvelle hypothèque. Vous pensez que c'est tout? Nenni, l'établissement financier vous demandera un chèque d'au moins 225 $ pour le rapport d'évaluation de la propriété. Remarquez que vous pouvez toujours négocier le coût de ces services professionnels, puisque vous êtes en position de force. Si votre prêteur ne veut rien savoir, trouvez-en un autre!

Êtes-vous plus riche que vous ne le pensiez?

Avez-vous des économies? Combien? _____ $

Si vous êtes déjà propriétaire, quelle est la valeur nette accumulée dans votre maison? _____ $

Avez-vous des REER à RAPer? Combien? _____ $

Avez-vous des cotisations REER inutilisées? À combien s'élèverait votre retour d'impôt si vous les utilisiez cette année? _____ $

Souscrivez-vous à une assurance vie universelle? À combien s'élève la portion épargne? _____ $

Est-ce que le vendeur du plex consentirait à vous avancer de l'argent sous la forme d'un solde de prix de vente? Combien? _____ $

Quels sont les programmes de subventions de votre municipalité? Vous pouvez en tirer combien? _____ $

Combien pouvez-vous emprunter de vos proches? _____ $

Quelle remise en argent votre banque est-elle prête à vous consentir? 3%, 4% ou 5% du montant du prêt? _____ $

Total : _____ $

Chapitre 4

Quoi acheter pour commencer?

Après avoir lu le chapitre 1 et complété le test, vous avez conclu que vous étiez fait pour vous lancer dans le domaine de l'immobilier. Mieux encore, vous vous êtes constitué un petit pécule en mettant en pratique ce que vous avez appris au chapitre 3. Merveilleux! Maintenant, que devez-vous acheter? Un plex, un condo, une propriété commerciale, un «p'tit bloc» ou un gros? Un grand sage vous conseillerait d'éviter de voir trop grand au départ. Et si vous détestiez l'immobilier pour mourir? Vous trouverez cela moins choquant et moins coûteux de vous en rendre compte après avoir investi 20 000 $ que 200 000 $.

UNE BONNE ENTRÉE EN MATIÈRE : LE PLEX

Un bon produit pour commencer reste le plex. Le plex se définit, selon la Société canadienne d'hypothèques et de logement (l'organisme du gouvernement canadien en matière d'habitation), comme un bâtiment comptant de deux à cinq logements. Mais, sur la rue, les investisseurs parlent tout autant de «six-plex» (six logements) ou de «huit-plex» que de triplex.

Vous craignez de n'être pas pris au sérieux si vous n'avez qu'un triplex dans votre portefeuille de propriétés ? Détrompez-vous. Le propriétaire de logements locatifs typique au Québec possède moins de six logements selon la Corporation des propriétaires immobiliers du Québec (CORPIQ), un regroupement de proprios. *Small is beautiful*, écrivait l'économiste Ernst Friedrich Schumacher.

Les bons côtés du plex

Les avantages du plex tiennent en quatre mots : disponibilité, accessibilité, flexibilité, multiplicité. Explications.

1. *La disponibilité.* Le Québec est la terre de prédilection du plex. On en trouve presque partout à Montréal. À Québec, ils sont concentrés dans le quartier ouvrier de Limoilou. Le plex est aussi présent à Sherbrooke, à Granby, à Trois-Rivières, à Shawinigan et à Gatineau, d'où le vaste choix. En juin 2007, le site Web de l'Association canadienne de l'immeuble (www.sia.ca) recensait plus de 500 triplex à vendre sur l'île de Montréal et 135 à Québec et dans les environs de la capitale. Remarquez, ce n'est pas partout comme ça. À Toronto, par exemple, les petits propriétaires achètent plutôt des condos qu'ils mettent en location.

2. *L'accessibilité.* Les plex se vendent généralement moins de un million de dollars à Montréal. Les prix glissent sous la barre des 150 000 $ à Shawinigan et dans des agglomérations de taille semblable. Un nombre considérable d'investisseurs ont les moyens de se procurer un plex, contrairement aux tours d'habitation qui valent des dizaines de millions. La liquidité de l'actif, c'est-à-dire la facilité avec laquelle on le vend ou on l'achète compte tenu de la multitude d'acheteurs potentiels, s'en trouve améliorée.

3. *La flexibilité.* Le produit offre une grande flexibilité d'utilisation en fonction de l'évolution de la situation familiale ou financière de son propriétaire. Vous pouvez occuper vous-même un des logements et percevoir des revenus de location des autres unités. Vous pouvez également y loger vos proches – parents, ami récemment séparé ou vos propres enfants devenus adultes – sans avoir à subir la promiscuité de la cohabitation. Évidemment, vous pouvez louer tous les logements du plex et maximiser vos revenus de location.

4. *La multiplicité des unités à louer.* Si vous avez un seul logement en location et que celui-ci est vide, c'est la catastrophe ; avec un triplex, c'est sûr qu'un logement vacant fait mal au compte en banque, mais les loyers tirés des deux autres logements permettent au moins de régler une bonne partie des dépenses.

L'envers de la médaille

Le plex n'est pas dénué d'inconvénients. Son principal défaut est son âge moyen. Il ne se construit à peu près pas de plex de nos jours pour des raisons économiques. Il est en effet difficile d'arriver à un coût de construction permettant de louer les logements à un prix raisonnable.

C'est donc dire que les produits sur le marché ont une trentaine d'années, un âge où les réparations se multiplient et où il faut penser à remettre au goût du jour la salle de bains et la cuisine. **Vous devez absolument garder ça en tête.** Acheter un plex aujourd'hui pour le long terme signifie tôt ou tard des rénovations substantielles, avec les problèmes de logistique et les dépenses que cela entraîne, à moins que vous soyez bricoleur vous-même.

D'AUTRES TYPES D'IMMEUBLES À ACQUÉRIR

Jusqu'à maintenant, il a beaucoup été question du plex, mais on peut faire de l'argent en immobilier autrement. Même pour les débutants. Voici des exemples.

• Une fille de Sherbrooke a acheté comme première propriété un jumelé de deux étages converti en maison de 11 chambres pour étudiants. La vocation un peu singulière du bâtiment a rebuté certains investisseurs potentiels et a facilité l'acquisition à prix raisonnable. Le rendement est à l'avenant. Par contre, la propriétaire doit faire un sapré bon ménage à la fin de l'année universitaire, et les assurances coûtent pas mal plus cher que ce que le vendeur avait déclaré à cause de la vocation de la propriété.

• Un collègue a acheté en 2005, avec son frère, une propriété semi-commerciale dont le logement du rez-de-chaussée sert de résidence pour personnes âgées. Le couple de gestionnaires du foyer demeure à l'étage. Achetée à crédit à 100 %, la bâtisse se paie toute seule. Il ne faut pas avoir peur de sortir des sentiers battus. L'important est de bien faire ses calculs. Vous verrez comment au chapitre 7.

• Ma sœur et son mari ont acheté en 2002 le condo de ma défunte mère, un appartement de deux chambres à coucher de 1000 pi^2, pour la modique somme de 91 000 $. Il a été loué sans interruption 675 $ par mois jusqu'à sa revente en avril 2006. Le loyer réglait les dépenses, essentiellement les taxes, les charges de copropriété et le remboursement du prêt hypothécaire. En 2006, ils l'ont vendu en 10 jours à un prix de 151 000 $. Calculé rapidement, le rendement avant impôt (dans ce cas-ci, il y a de l'impôt à payer sur la moitié du gain en capital) sur la mise de fonds atteint 387 % en 4 ans.

DES CHIFFRES

Mise de fonds : 25 % de 91 000 $, soit 22 750 $

Prêt hypothécaire à l'achat : 68 250 $

Solde hypothécaire après 4 ans : 62 870 $

Prix de vente – solde hypothécaire, soit 151 000 $ – 62 870 $ = 88 130 $

Rendement cumulé : 88 130 $ ÷ 22 750 $ X 100 = 387 %*

* ou 40,3 % par année pendant 4 ans

J'ai eu beaucoup moins de succès avec mes titres boursiers durant la même période...

Ce coup d'argent réalisé par ma sœur m'amène à m'attarder sur la copropriété divise, appelée communément condo, comme produit d'investissement.

Le condo offert en location

Le condo gagne en popularité en ville comme en banlieue en raison du vieillissement de la population et de la réduction de la taille des ménages. Le condo convient particulièrement aux occupants de 50 à 75 ans et plus, une tranche de la population en croissance pour les 25 prochaines années.

Peut-on acheter un condo dans le but de le louer et espérer faire un bon profit ? Comment fait-on ? Quels sont les avantages et les inconvénients d'un tel achat ?

À Montréal, les dernières évaluations de la situation concluaient qu'environ 9 condos sur 10 étaient habités par des propriétaires occupants. Un seul sur 10 était offert en location, soit beaucoup moins qu'à Toronto, où 25 % des nouveaux condos sont achetés à des fins d'investissement. La raison ? Le faible coût des loyers dans la Belle Province. Plusieurs raisons expliquent cette situation. Parmi elles, l'existence de la Régie du logement depuis plus d'un quart de siècle, un organisme de contrôle des loyers en cas de mésentente entre le propriétaire et son locataire. (Vous en saurez plus sur la Régie au chapitre 12.)

Des loyers trop faibles minent la rentabilité de l'investissement. La règle de base dit qu'on doit pouvoir louer un condo à un coût mensuel équivalant à 1 % de son prix d'achat pour que l'investissement en vaille la peine. Selon ce principe, un condo de 200 000 $ devrait commander un loyer de 2000 $ par mois. Bonne chance !

À moins de payer le condo comptant, le rendement qu'obtient un investisseur sur son immeuble une fois toutes ses dépenses payées est négatif. Donc, sa seule chance de faire de l'argent avec son condo est de le revendre avec profit. C'est le contexte qui avait cours dans la région de Montréal entre 2000 et 2006, pour le plus grand bonheur de ma sœur et de mon beau-frère. En sera-t-il de même encore longtemps ? Je n'ai pas de boule de cristal, mais j'en doute.

Les avantages du condo comme produit d'investissement

Quatre avantages me viennent à l'esprit quand je pense au condo comme projet d'investissement immobilier.

1. *L'accessibilité.* En règle générale, ce produit coûte encore moins cher que le plex. On peut trouver un condo de deux chambres à coucher à moins de 200 000 $ à Montréal et à moins de 175 000 $ en banlieue. L'investissement minimal requis (25 % de la valeur de la copropriété, le reste étant emprunté) tombe habituellement sous les 50 000 $.

2. *Le look.* Les condos sont souvent de construction récente. Ils ont été conçus selon le goût du jour, et les réparations à faire sont généralement moins nombreuses que dans un appartement datant des années 1930.

3. *La volatilité.* Le condo est un produit volatil. Son prix varie fortement entre le bas d'un cycle et son sommet. Par exemple, le prix des condos à Montréal était au plancher en 1996. Dix ans plus tard, en 2006, les prix sont à un sommet. Gageons que d'ici 5 à 10 ans, ou au moment du prochain ralentissement de l'économie, le prix des condos se remettra à baisser ou, à tout le moins, à croître moins vite que l'inflation, ce qui revient à une baisse de prix exprimée en dollars réels. Cette fluctuation peut être autant un avantage qu'un inconvénient, mais acheté au bon moment, le condo offre un potentiel de plus-value considérable.

4. *La popularité.* En milieu urbain, la demande pour le produit restera solide pour les années à venir en raison du vieillissement de la population et de la réduction de la taille des ménages. La superficie habitable d'un condo est habituellement inférieure à celle d'une maison unifamiliale typique et demande moins d'entretien, surtout qu'il n'y a pas de jardin à l'arrière. Le condo en location devient attrayant pour la personne retraitée qui préfère consacrer son temps aux voyages et aux loisirs plutôt qu'à la tonte du gazon. Et ce n'est pas moi qui vais la blâmer!

5. *À l'abri de la Régie.* Les nouveaux logements à louer ne sont pas soumis aux diktats de la Régie du logement en matière de fixation de loyer au cours des cinq premières années. Vous disposez donc d'une marge de manœuvre pour hausser le loyer. Ne ratez pas votre chance!

Un produit d'investissement qui a aussi ses inconvénients

Évidemment, comme dans toute chose, il y a aussi des inconvénients à faire d'un condo un produit d'investissement. J'en relève six.

1. *Le risque de location.* Il est énorme. Si votre locataire se sauve en pleine nuit, vous perdez 100% de vos revenus de location d'un seul coup. Naturellement, vous pouvez faire intervenir la Régie du logement pour tenter de vous faire payer, mais cette démarche est coûteuse en argent

et en temps. Je vous recommande quand même de l'entreprendre tout en tentant de relouer votre logement au plus vite pour minimiser la perte de revenus.

2. *Le risque de surconstruction.* Quand le marché devient inondé de condos à vendre, les promoteurs les offrent en location pour minimiser leurs pertes. Ces unités neuves viennent concurrencer les plus anciennes, comme celle que vous avez achetée avec l'intention de la louer. Au surplus, un plus grand nombre de condos en location signifie souvent une augmentation du nombre de logements inoccupés. Plus il y a de logements vides, plus le pouvoir de négociation des locataires est grand et plus les loyers sont bon marché. Or, des loyers pas chers nuisent à la rentabilité des condos offerts en location.

3. *Le rendement courant inexistant.* Nous reviendrons au chapitre 7 sur la notion de rendement courant. Pour le moment, retenez que le rendement courant constitue la différence entre le loyer et les dépenses, divisée par la mise de fonds de l'investissement. Généralement, les loyers au Québec ne permettent pas d'obtenir un rendement courant (loyer − dépenses ÷ mise de fonds) décent sur l'investissement dans un condo.

À titre d'exemple, considérons un condo de deux chambres construit en 1995 et acheté récemment à 175 000 $ à Montréal, avec une mise de fonds de 43 750 $, soit 25 %. Le loyer s'élève à 1000 $ par mois, et le chauffage est aux frais du locataire. Quel genre de rendement courant ce condo procure-t-il à son propriétaire ?

Les principales dépenses sont l'impôt foncier et la taxe scolaire (272 $ par mois), les charges de propriété (100 $) et le remboursement du prêt hypothécaire, soit 75 % de 175 000 $ à un taux de 6 % pendant 5 ans, amorti sur 25 ans, pour une mensualité de 840 $. Conclusion : le rendement courant du condo est négatif, son propriétaire perd 212 $ chaque mois avec son condo [1000 $ - (272 $ d'impôt et de taxe + 100 $ de charges + 840 $ de mensualité hypothécaire) = - 212 $].

La seule façon de faire de l'argent dans ces conditions est de revendre le condo quelques années plus tard beaucoup plus cher que son prix d'achat de 175 000 $. C'est possible, mais il n'y a rien d'assuré.

4. *La taxation plus élevée.* Au pied carré, un condo vaut généralement plus cher qu'un plex. Pourquoi ? Parce que le marché donne plus de valeur à un logement en propriété qu'en location. L'évaluation municipale de votre condo sera plus élevée que celle d'un plex, donc vous paierez plus cher d'impôt foncier et de taxe scolaire au pied carré que le proprio d'un plex.

5. *La volatilité.* Le prix des condos fluctue davantage que celui des plex ou des maisons unifamiliales. Si vous achetez en haut de cycle de l'immobilier, en 2007 par exemple, le risque de connaître une baisse de valeur est réel. Rappelons-le, la seule façon de faire de l'argent avec un condo offert en location au Québec est de le revendre à profit. Les chances d'y parvenir sont plus faibles quand on achète l'unité en haut de cycle.

6. *Les charges de propriété.* Quand un immeuble vieillit, les réparations se multiplient. Le toit est à refaire, les fenêtres doivent être changées, le balcon est pourri, les murs de brique doivent être rejointoyés. Il faut repeindre l'extérieur, refaire l'asphalte du stationnement, redonner un peu de lustre à l'aménagement extérieur. Ces dépenses sont payées par le syndicat de copropriété qui perçoit chaque mois les charges de propriété auprès des copropriétaires. Morale de l'histoire : avec l'immeuble qui prend de l'âge, les charges de propriété sont susceptibles d'augmenter plus vite que le loyer, ce qui mine la rentabilité du condo.

Bref, il est possible de faire de l'argent avec le condo comme produit d'investissement lorsque les perspectives de le revendre avec profit sont bonnes. Ce fut le cas ces dernières années. Qu'est-ce que l'avenir nous réserve ? Il n'y a rien de sûr, d'où l'extrême prudence dont vous devez faire preuve comme investisseur avant de vous lancer dans ce créneau du marché.

Êtes-vous plex ou condo?

Vous aimez le risque?

Vous misez principalement
sur la plus-value de votre investissement?

Vous voulez vous offrir un logement
moderne, au goût du jour?

Le bricolage, très peu pour vous?

Vous ne voulez pas traiter avec
la Régie du logement*?

Vous êtes dans l'immobilier
pour du long terme?

Vous voulez diversifier
le risque de location?

Vous voulez un rendement
courant positif le plus tôt possible?

Vous voulez être le seul maître à bord?

Un règlement de copropriété vous empêche
de louer votre logement?

Condo

Plex

(les cinq premières années seulement)

Chapitre 5

Où acheter ?

« *Trois règles comptent en immobilier : le site, le site, le site.* »

— *Proverbe chinois*

Choisir le bon emplacement pour son immeuble locatif, que ce soit un plex, un condo, n'importe quoi, est essentiel. Comme dirait l'autre, vous pouvez tout changer dans un logement, *name it* : la cuisine, la salle de bains et même les murs si le cœur vous en dit. Cependant, vous ne pouvez pas changer sa situation géographique. Prenez donc le temps de regarder les alentours.

Un emplacement, que vous le vouliez ou non, vous êtes pris avec. D'où l'importance de sa sélection. Tout ce chapitre sera consacré à la définition d'un bon emplacement. Vous y trouverez toutes sortes de critères : physiques, sociaux, démographiques, architecturaux, etc. Certains critères sont ancrés dans le présent, et d'autres, orientés vers l'avenir.

ICI ET MAINTENANT : LES FACTEURS DE COURT TERME

Un site exceptionnel profite toujours d'une forte demande. Vue sur l'eau, vue sur un parcours de golf, sur la montagne, sur le château Frontenac, bref, tous les points de vue remarquables constituent des emplacements de choix. Si c'est vrai pour une maison unifamiliale, c'est vrai aussi pour un immeuble locatif. D'autres facteurs de court terme sont toutefois plus recherchés encore que la vue.

La facilité d'accès

Qu'est-ce qu'un bon emplacement pour un propriétaire de plex ? Confucius (pour rester dans les analogies chinoises) répondrait sans doute qu'un bon emplacement est un terrain facile d'accès.

À Montréal, « terrain facile d'accès » veut dire « terrain à 10 minutes ou moins de marche du métro ». Le même critère s'applique à Longueuil, qui compte une seule station de métro, et à Laval, où on en compte trois.

Ailleurs en banlieue, à défaut de métro, la proximité d'une gare, d'un terminus d'autobus ou d'un stationnement incitatif est assurément un atout. Le pouvoir d'attraction du métro et de tout autre service de transport en commun prendra de l'importance à l'avenir. En effet, les autorités locales veulent augmenter la population habitant aux abords des infrastructures de transport en commun dans le but de limiter l'étalement urbain.

Et à Victoriaville, à Drummondville ou à Saint-Hyacinthe, qu'est-ce qu'un bon emplacement ? À l'extérieur des grands centres, « facile d'accès » veut dire « près des grands axes routiers ». Si on croise 15 panneaux STOP après avoir quitté la route principale avant d'arriver à l'immeuble, ce n'est *pas* facile d'accès.

Finalement, il est important d'acheter un immeuble près de chez vous, surtout si vous comptez en faire vous-même la gestion, tâche qu'assument souvent les débutants dans l'immobilier. D'abord, vous connaissez déjà le quartier, ses habitants, ses élus et sa dynamique. Ensuite, vous gagnez un temps fou en déplacement quand vient le temps de percevoir les loyers, de répondre à une urgence ou encore de faire visiter un logement à des locataires potentiels. Ne faites pas l'erreur de sous-estimer le temps à consacrer à vos logements. Dans ce cas-ci, la distance a beaucoup d'importance.

La proximité des services

Outre l'accessibilité, la proximité des services caractérise un bon emplacement. Pour préparer la liste des services recherchés par les locataires, posez-vous la question: qui loue des logements? Réponse: des étudiants, des immigrants, des jeunes familles (souvent monoparentales), des couples de personnes âgées et des personnes seules. Sauf exception, tous veulent avoir près de chez eux un centre commercial comprenant un supermarché, une pharmacie et un club vidéo. L'immeuble que vous convoitez est situé à quelle distance de marche ou de voiture, selon que vous êtes en ville ou en banlieue, du centre commercial le plus proche?

L'âge et la condition des locataires déterminent les autres services les plus en demande.

Les **étudiants** voudront être à distance de marche du cégep ou de l'université, sinon près du métro qui y mène ou, en dernier recours (et seulement quand le prix du logement y est beaucoup plus bas), près d'un circuit où l'autobus passe toutes les 10 minutes.

Les **immigrants** s'établiront dans les quartiers cosmopolites où vivent déjà leurs compatriotes. Ils recherchent les pôles d'emplois. Selon la Société canadienne d'hypothèques et de logement, un immigrant reste locataire pendant près de 10 ans après son arrivée en sol canadien.

Dans la région métropolitaine, comme la population de souche fait de moins en moins d'enfants et qu'elle vieillit, le renouvellement de la demande de logements locatifs se fera forcément en bonne partie par les immigrants. Comme ceux-ci ont leurs quartiers préférés, le propriétaire d'un plex a intérêt à acheter là où la demande sera forte. À Montréal, Côte-des-Neiges, Parc-Extension, Saint-Laurent et Cartierville demeurent les quartiers de prédilection des nouveaux arrivants. À Laval, c'est à Chomedey qu'ils s'établissent prioritairement. Sur la Rive-Sud, ils préfèrent Brossard.

Les **personnes seules** ont l'habitude de sortir fréquemment. La proximité d'un centre sportif, d'un cinéma, de restos, d'une maison de la culture et d'autres centres de loisirs est pour elles un atout.

Pour leur part, les **jeunes familles** chérissent la présence d'un grand magasin, d'écoles primaires et secondaires, de centres de loisirs, d'une piscine publique, d'une bibliothèque, de cliniques médicales et dentaires, de parcs avec terrains de jeux en été et patinoire en hiver. Le palmarès annuel du magazine *L'actualité* donne une bonne indication des écoles secondaires les plus courues.

Les **personnes âgées** veulent marcher pour se rendre à l'église. Elles apprécient la proximité d'une clinique médicale ou d'un hôpital. Elles accordent de l'importance à la quiétude des lieux. La présence de résidences pour personnes âgées dans le secteur rassure la personne encore autonome qui souhaite vieillir dans son quartier, même quand elle perdra son autonomie.

Dans un quartier bâti de longue date, les services à la population sont généralement faciles à trouver. Dans le cas d'une nouvelle banlieue ou d'un quartier neuf, les logements sont construits d'abord, et les services se font parfois attendre longtemps.

Un quartier intéressant

Un bon emplacement, c'est aussi le choix d'un bon quartier. On peut embellir sa propriété, jamais celles de ses voisins ou son quartier en entier, d'où l'importance de bien choisir l'un et l'autre.

Qu'est-ce qu'un bon quartier ? Partout au Québec, on considère qu'un bon quartier est **homogène** dans le type de logements qui s'y trouvent comme dans l'aspect extérieur des habitations. Des quartiers uniformes, avec du cachet, commandent toujours une prime par rapport aux secteurs dépourvus de ces attraits.

Considérons le lotissement Bois-Franc, dans l'arrondissement Saint-Laurent, à Montréal, où le promoteur, la société Bombardier, gère sévèrement le développement. Par exemple, les fils électriques sont enfouis, on a aménagé des squares et un club de golf temporaire. Le secteur vieillira en beauté et gardera toute sa valeur. Il a même été nommé quartier modèle par l'organisme fédéral SCHL.

À Trois-Rivières, un site recherché demeure le bord de la rivière Saint-Maurice. À Québec, le quartier Montcalm et les abords de la rue Cartier ont une excellente valeur.

À l'inverse, il faut fuir comme la peste les rues hétéroclites où se côtoient commerces, maisons unifamiliales et immeubles de 20 logements et plus.

Un endroit où on ne chôme pas

Un bon emplacement, c'est aussi le voisinage d'un **pôle d'emplois**. La proximité d'un hôpital, d'une université, du centre-ville, d'édifices gouvernementaux, même la cohabitation avec un parc industriel, quand les nuisances (bruits, odeurs, entreposage extérieur) restent faibles, constitue un atout. Un exemple est le Technopôle Angus, rue Rachel, à Montréal. Les 1000 emplois créés dans ce parc d'entreprises depuis l'an 2000 contribuent à la bonne santé immobilière du quartier Rosemont.

Les villes dynamiques qui créent de l'emploi constituent de bons endroits pour investir dans un immeuble locatif. Regardez ce qui se passe à Mont-Tremblant depuis qu'Intrawest a acheté la station de ski au début des années 1990. Le développeur a investi un milliard dans la montagne. Les villégiateurs y accourent. La station de ski est devenue une pépinière d'emplois. Des investisseurs ont flairé la bonne affaire et ont bâti des immeubles locatifs bon marché dans la ville de Mont-Tremblant. Ces logements sont destinés aux travailleurs d'Intrawest, qui gagnent de petits salaires et qui font la navette en autobus entre la ville et la montagne.

La sécurité

Un bon quartier se définit aussi par des rues sécuritaires. Les services de police publient annuellement des données sur la criminalité, fort utiles à cet égard.

Votre assureur peut également vous guider à ce sujet. La prime d'assurance habitation est évaluée en partie en fonction des statistiques sur la criminalité dans le quartier. Ciblez deux ou trois quartiers avant de partir à la chasse aux infos, vous perdrez moins de temps.

D'autres ressources existent. Par exemple, Statistique Canada révélait dans une étude que les arrondissements les plus violents à Montréal étaient Ville-Marie (le centre-ville), Verdun, Mercier–Hochelaga-Maisonneuve, Montréal-Nord, Rosemont–La Petite-Patrie, Villeray–Saint-Michel–Parc-Extension.

Si l'immeuble qui vous fait envie se trouve dans un secteur contrôlé par un gang de rue, sachez que ça complique sérieusement le bon voisinage. N'oubliez pas que le propriétaire est responsable de la jouissance paisible des lieux. Pas facile quand il y a une piquerie dans l'immeuble ou quand on entend des coups de feu dans la ruelle la nuit. Dans ces circonstances, la perception des loyers risque de devenir un sport dangereux! Renseignez-vous avant d'acheter.

Un marché locatif favorable aux propriétaires

L'état du marché du logement dans le quartier pèse aussi dans la balance quand vient le temps de chercher un immeuble locatif. Est-ce que le secteur compte beaucoup de logements vacants? Pourquoi? Y a-t-il eu surconstruction de logements? Les locataires fuient-ils le quartier?

Quel est le loyer moyen que les locataires paient dans le voisinage? L'immeuble que vous regardez a-t-il de la *vacance*, comme on dit? Plus ou moins que les immeubles voisins? Pourquoi, selon vous? Et les loyers demandés, sont-ils plus ou moins élevés que la moyenne du quartier?

La SCHL publie en décembre de chaque année des statistiques par quartier et par ville concernant le taux d'inoccupation des logements et les loyers en fonction du nombre de chambres à coucher dans le logement. Selon cet organisme, un marché est en équilibre, c'est-à-dire qu'il ne favorise ni les propriétaires ni les locataires, quand 3% des logements du secteur sont inoccupés.

Si plus de 3% des appartements sont vacants, le marché favorise le locataire, qui a un pouvoir de négociation. Il peut facilement faire ses boîtes si son proprio lui demande trop cher ou n'offre pas un bon service. Le propriétaire est contraint à ne pas augmenter ses loyers, de peur de perdre des locations.

À l'inverse, si le taux d'inoccupation est inférieur à 3%, le propriétaire est en position de force. C'est le temps d'en profiter. Le locataire sera enclin à accepter les hausses de loyer sans rechigner, sachant que les logements libres sont rares. Si vous achetez votre immeuble dans ce contexte, vous aurez plus de jeu pour augmenter le loyer, même si la Régie du logement veille au grain. Il en sera question au chapitre 12.

À retenir : un bon quartier affiche habituellement un bas taux d'inoccupation et des loyers supérieurs à la moyenne de la ville ou de la région où il se trouve. Pour vous qui zyeutez le quartier, cela signifie que vos loyers augmenteront plus vite qu'ailleurs. Ce sera la même chose pour la valeur de votre propriété qui s'appréciera davantage, puisque la valeur d'un immeuble locatif dépend des loyers qu'elle produit.

À lire absolument : le rapport annuel sur les logements locatifs que prépare la SCHL chaque année. On y trouve une mine d'informations, et c'est gratuit (www.cmhc-schl.ca).

La tranquillité

Pour plusieurs personnes, **un quartier paisible** est la quintessence d'un bon emplacement. Du temps des Expos de Montréal, la cohabitation avec le stade olympique avait ses charmes… sauf 81 soirs par été, quand les partisans en quête d'un stationnement prenaient les rues d'assaut. Puis, les Expos sont partis, et le calme est revenu.

Les infrastructures très fréquentées, comme un centre commercial d'envergure ou une autoroute, sont à éviter si vous ne voulez pas diminuer l'intérêt pour votre immeuble en raison du bruit causé par la circulation automobile. De plus, certaines rues des grandes villes ont été choisies comme axes de transit pour la circulation lourde. Ces artères sont à éviter ; tout bon locataire veut ouvrir ses fenêtres durant la chaude saison

Il faut aussi éviter d'être le voisin immédiat d'un terrain de jeux où des parties de balle molle s'éternisent passé 23 h. Je ne sais pas pour vous, mais moi, quand j'entends chanter « na-na-na, ay-ay-ay, goodbye » dans le parc à minuit le soir, je regrette le choix de mon domicile. Vous ne voulez pas que vos locataires pensent la même chose.

DANS LA BOULE DE CRISTAL :
LES FACTEURS DE LONG TERME

Vous achetez un immeuble pour longtemps. Vous devez donc tenir compte des facteurs qui influeront sur sa valeur et sur vos possibilités de location à long terme, comme la croissance de la population, les changements démographiques dans le secteur et les décisions gouvernementales en matière de logement.

Une population en croissance

Un emplacement peut être excellent un matin et pourri le lendemain. C'est ce qui arrive dans les villes mono-industrielles, quand le seul employeur ferme ses portes. Je pense ici à Vallée-Jonction, en Beauce, qui a failli perdre les 1000 emplois de son abattoir à l'hiver 2007. J'ai eu une pensée pour les proprios de logements de l'endroit…

Pour s'assurer d'avoir un bon emplacement pour longtemps, il faut choisir un quartier où la population croît. Votre *business* est de louer des logements ; pour cela, il vous faut du monde, point ! **Un ménage = un logement.** Ce n'est pas plus compliqué que ça.

Si la population est en croissance dans le quartier que vous convoitez, c'est bon signe. À moins de surconstruction de logements, vous louerez les vôtres sans problème, même si vos cuisines sont vieillottes.

Comment savoir si la population croît dans votre secteur ? Les villes tiennent des statistiques sur leur population, souvent disponibles sur leur site Internet. Autre source d'info : les CLSC (centres locaux de services communautaires) du Québec dressent des profils socioéconomiques de la clientèle qu'ils servent. On y trouve des statistiques sur la population, le nombre de ménages, l'âge des gens, leurs occupations, leurs revenus, leur degré de scolarité, la proportion d'immigrants, leurs pays d'origine, les langues parlées à la maison, leur religion, etc. Ils puisent ces informations dans les données du recensement qu'effectue Statistique Canada tous les cinq ans. Beaucoup de renseignements sont accessibles gratuitement sur le Web (www.statcan.gc.ca).

Au Québec, les municipalités qui ont enregistré la plus forte croissance démographique entre 2000 et 2004 sont Saint-Colomban, Blainville, Saint-Lazare, Mirabel, Vaudreuil-Dorion, Les Coteaux, Sainte-Marthe-sur-le-Lac, Cantley et Saint-Basile-le-Grand (des statistiques démographiques à jour sont diffusées dans le site de l'Institut de la statistique du Québec, au www.stat.gouv.qc.ca). Les nouveaux arrivants dans ces villes ont bien dû se loger quelque part. La majorité a opté pour l'achat d'une maison unifamiliale, mais il y aura toujours des gens qui préféreront la location pour sa souplesse, son faible coût, etc. Conclusion : un propriétaire de plex dans ces villes champignons a de fortes chances d'afficher complet.

Les changements démographiques dans le quartier

Si vous savez déceler à l'avance les prochains quartiers « chauds », vous ferez beaucoup d'argent en immobilier. Qu'est-ce qu'un quartier chaud ? C'est un quartier très en demande, où veulent vivre les gens de plus en plus riches, comme c'est le cas avec le Plateau-Mont-Royal, à Montréal. On dit alors que le quartier s'embourgeoise. Les moins fortunés laissent la place à une clientèle branchée.

Comment savoir qu'un quartier prend du mieux ? Vous, futur propriétaire de plex, devez vous poser ces questions : Quel est le revenu moyen des ménages dans le quartier où vous voulez acheter un plex ? Est-il en progression ? Ce revenu croît-il plus vite qu'ailleurs dans la région ? Si c'est le cas, c'est bon signe.

Qu'est-ce qui fait qu'un quartier devient recherché ? Les raisons sont nombreuses. Parmi elles, l'effet de mode ou l'effet Hygrade – plus de gens veulent vivre sur le Plateau parce que le Plateau est populaire et le Plateau est populaire parce que plus de gens veulent y vivre.

Parfois, les autorités ont pu y faire des investissements d'envergure (métro, parc, bibliothèque) qui améliorent la qualité de vie. À d'autres occasions, comme dans le quartier Saint-Michel, à Montréal, il suffit qu'une entreprise privée, le Cirque du Soleil, y établisse son siège social international pour transformer le paysage.

À Montréal, pour ce qui est du revenu par ménage, ce sont les quartiers du Centre-Sud (village gai), de La Petite-Patrie et, sans surprise, du Plateau-Mont-Royal qui affichaient les meilleures progressions entre 1996 et 2001. À Québec, la croissance des revenus a été la plus forte dans le quartier Saint-Roch, secteur de la Basse-Ville. Il s'agit d'une excellente nouvelle pour les proprios de ces quartiers choyés. Voici pourquoi.

Revenus des ménages en hausse = loyers en hausse = augmentation de la valeur de l'immeuble locatif

Quand un quartier s'embourgeoise, une population plus aisée s'y installe. Elle a plus de moyens et est donc disposée à payer plus cher son loyer. Comme proprio, vous devez saisir votre chance et augmenter vos loyers. Par le fait même, vous augmentez la valeur de votre immeuble, parce que plus l'immeuble dégage de gros revenus, plus il vaut cher, à l'image d'une PME.

En résumé, un bon emplacement pour les années à venir, c'est un quartier en transformation qui jouit d'une popularité croissante et qui attire, ce faisant, une nouvelle clientèle qui touche de bons revenus.

Les décisions gouvernementales dans le secteur locatif

Pour choisir le meilleur emplacement, il faut également s'intéresser aux décisions gouvernementales pouvant entraîner des contraintes ou des mesures incitatives.

Programme ciblé de subventions à la rénovation, changement de zonage, investissement dans les infrastructures et les parcs, construction d'une piscine ou d'un centre des loisirs, etc., ces décisions ont des répercussions sur la qualité de vie dans un quartier et, par extension, sur la valeur des propriétés. De plus, elles peuvent vous être utiles, non?

Un programme de subventions, pour prendre cet exemple, incite les proprios à rénover leur propriété, ce qui améliore de façon visible la qualité du quartier. La valeur des immeubles s'en trouvera bonifiée.

Les journaux locaux, les bureaux d'arrondissement, la mairie, le conseiller municipal demeurent des sources précieuses d'information à cet égard.

Le mal nécessaire : l'impôt foncier

Restons dans la sphère politique pour parler de taxation municipale. Un bon emplacement signifie aussi que l'immeuble n'est pas surtaxé. Je parle ici de l'avis d'imposition, communément appelé compte de taxes. Le plex ne doit pas non plus être mal taxé, autrement dit, la structure de taxation doit être bien pensée. Voyons les détails.

L'avis d'imposition

Plus l'impôt foncier est élevé, plus les loyers devront l'être eux aussi. Sinon, il reste moins d'argent dans vos poches.

En théorie, vous pouvez faire absorber la totalité de la hausse de taxes à vos locataires. Je dis bien, en théorie ; en pratique, ça dépend. Si votre voisin baisse ses loyers de moitié pour remplir son immeuble, vous aurez bien de la difficulté à refiler à vos locataires la hausse de l'impôt foncier. Dans la réalité de tous les jours, le proprio n'a d'autre choix que de tenir compte des loyers dans son marché.

Entre deux immeubles semblables dégageant des revenus comparables, il est préférable et plus rentable de choisir l'immeuble le moins taxé.

La structure de taxation

La structure de taxation est importante. L'impôt foncier de base dépend de l'évaluation qui apparaît au rôle d'évaluation. La municipalité met celui-ci à jour tous les trois ans. Il reflète la valeur marchande de la propriété au 1er juillet de l'année de référence. Par exemple, à Montréal et à Québec, le rôle en vigueur depuis 2007 reflète les valeurs du marché au 1er juillet 2005.

Chaque année, à l'occasion du budget, l'administration municipale adopte le taux de taxation, lequel est exprimé en 100 $ d'évaluation. En d'autres mots, un taux de 1 $ du 100 $ d'évaluation se traduit par un avis d'imposition de 10 000 $ dans le cas d'un immeuble valant 1 000 000 $.

La facture fiscale dépend donc en grande partie de la valeur de l'immeuble, et la valeur de l'immeuble dépend des revenus qu'il génère. Il existe une relation entre le fardeau fiscal d'un immeuble et le revenu des loyers, en ce sens que plus les loyers sont élevés, plus la valeur de l'immeuble sera grande et plus son fardeau fiscal sera lourd par rapport à un autre immeuble locatif qui vaut moins cher.

Quant à vous, futur propriétaire, vous devez vous assurer que l'immeuble que vous voulez acheter est bien évalué en fonction des revenus. Prenons deux triplex dans une même ville, chacun évalué à 400 000 $. L'un dégage des loyers de 2400 $ par mois, et l'autre, de 1800 $. Leurs avis d'imposition seront identiques. Évitez donc d'être celui qui touchera les loyers de 1800 $, car l'immeuble est surévalué, coûte trop cher d'impôt foncier et vous procurera un rendement moindre.

Par ailleurs, certaines municipalités facturent des taxes de service sur une base unitaire, par exemple, une taxe de 50 $ par logement pour l'enlèvement des ordures, et ce, **peu importe la valeur foncière de la propriété.** Ce genre de taxation pénalise le propriétaire d'un immeuble locatif qui a de petits logements à faible loyer. Les taxes de service sont les mêmes peu importe la taille du logement, le loyer payé et la valeur de l'immeuble. Sorel-Tracy, Laval, Granby et bien d'autres municipalités du Québec appliquent cette structure de taxation.

Pour avoir étudié la rentabilité de certains plex à vendre à Sorel en 2005, je sais que les taxes unitaires, conjuguées au loyer modique, plombaient le rendement des immeubles locatifs. Avant d'y investir, faites vos calculs comme il faut ou, mieux, passez votre chemin.

On récapitule !

La propriété qui vous intéresse est-elle bien située ?

L'immeuble est-il à distance de marche d'une station de métro ? de la gare ?

Est-ce que les autobus du quartier passent au moins toutes les 20 minutes ?

L'immeuble est-il près d'une église ? Les personnes âgées, qui généralement paient bien leur loyer, aiment ça.

Est-ce un quartier d'immigrants ?

Des services de garde pour les enfants se trouvent-ils à proximité ?

Un poste de police se trouve-t-il à proximité ? Et la caserne de pompiers ?

Les enfants ont-ils un endroit à proximité où s'épivarder ?

Le logement est-il à distance de marche d'un dépanneur ? d'une épicerie ? d'une école ?

La propriété est-elle suffisamment éloignée de l'autoroute ou des artères principales pour que le bruit ne soit pas perceptible?

Le stationnement sur rue est-il permis? À quelles conditions?

Le taux de taxation est-il raisonnable compte tenu des loyers en vigueur?

Existe-t-il des programmes de subventions à la rénovation?

Le revenu moyen par ménage dans le secteur est-il en croissance?

Peut-on rejoindre l'autoroute en cinq minutes? dix? quinze?

L'artère commerciale la plus proche est-elle dynamique et attrayante?

Si vous avez répondu oui à une majorité de ces questions, l'immeuble que vous avez repéré a un bon potentiel. Poursuivez votre analyse au chapitre suivant pour voir s'il s'agit de la perle rare…

Chapitre 6

Un immeuble parle,
il faut l'écouter

« *Cher Monsieur Dubuc,*

Je suis propriétaire d'une maison de cinq ans à Laval et j'aimerais acheter un duplex ou un triplex dans le courant l'année. Je ne sais pas où m'informer pour savoir comment je dois procéder afin de trouver le bon plex à bon prix. Est-ce que vous pouvez me donner des contacts ou encore des sites où je trouverais des réponses à mes questions ? »

— AB

AB, je vous félicite, un plex, quel bon choix ! Où pouvez-vous vous informer ? *That's the question !* Je me sers de votre lettre pour traiter les sujets de ce chapitre et du suivant, soit comment trouver le bon plex et comment déterminer le juste prix qui rendra son proprio heureux à jamais, ou presque.

QU'EST-CE QU'UN BON PLEX ?

Outre le fait qu'il est bien situé, comme vous l'avez vu au chapitre précédent, un bon plex est un immeuble d'apparence extérieure correcte, adapté aux goûts des résidants du secteur et qui possède, idéalement, des qualités exclusives par rapport aux habitations voisines. Dans le détail, voici les attributs du bon plex.

1. Il est bien entretenu

C'est la première impression qui compte, dit l'adage. C'est vrai en immobilier. Une porte fraîchement peinte, des fenêtres habillées de beaux rideaux, un aménagement paysager soigné invitent le visiteur à franchir le pas de la porte, qu'il soit un acheteur potentiel ou un futur locataire.

2. Il se fond dans le décor

Est-ce le seul plex du pâté de maisons ? Le bâtiment jure-t-il dans le décor ? Pour le décrire à des proches qui veulent s'y rendre, leur dites-vous : « Vous ne pouvez pas le manquer, c'est le plus laid de la rue » ?

Autant que possible, l'immeuble doit se fondre dans son environnement. Propriétaires et locataires qui veulent vivre dans un plex cherchent dans les rues de plex. Vous améliorerez ainsi vos chances de dénicher de bons locataires et même des acheteurs quand vous déciderez de le revendre.

3. Le nombre de logements vous convient

En principe, plus il y a de logements, mieux c'est. Pourquoi ? Parce que le risque de location est mieux réparti. Plus vous avez de logements, moins ça fait mal d'avoir à supporter financièrement un appartement vide. Un triplex est préférable à un duplex. Un quadruplex est mieux qu'un triplex, et ainsi de suite.

En réalité, vos moyens financiers et le temps dont vous disposez pour vous occuper de votre placement immobilier vous dicteront le nombre de logements qui convient à votre situation. Courir après un loyer, ça prend du temps, mais courir après quatre loyers en souffrance chaque mois, c'est encore plus long. Dans le domaine des plex, je n'ai pas encore connu d'économies d'échelle.

4. Son âge convient à vos ambitions

Un vieil immeuble a certes plus de cachet. Il exige en contrepartie plus de réparations : refaire la toiture, rejointoyer les briques, remplacer le chauffe-eau, refaire le système électrique... En outre, il coûtera probablement plus cher à assurer. C'est le cas par exemple quand la boîte électrique fonctionne avec des fusibles. Si vous êtes bricoleur, lancez-vous ; sinon, abstenez-vous.

À retenir : un immeuble âgé augmente le risque de l'investissement.

5. C'est du solide

Les plex sont souvent construits en bois et en briques. Ils ont une trentaine d'années, ils sont souvent mal insonorisés et mal isolés. Si l'immeuble analysé offre une isolation et une insonorisation supérieures à la moyenne à la suite de travaux de rénovation, vous avez là un bon plex. À retenir : l'achat d'un immeuble en bois et en briques, même rénové, demeure toujours plus risqué que l'investissement dans une tour en acier et en béton.

6. Le chauffage est aux frais des locataires

Le chauffage reste une source d'irritants majeurs entre un propriétaire et ses locataires. Quand il est aux frais des locataires, ceux-ci se plaignent que l'appartement est mal isolé et coûte une fortune à chauffer.

S'il est aux frais du propriétaire (et contrôlé par lui), les locataires se plaignent qu'il ne fait pas assez chaud ou, pire, trop chaud. Dans ce cas, vous verrez les fenêtres ouvertes au beau milieu de février. C'est ce qui s'appelle jeter son argent par les fenêtres...

Cette mésentente est là pour rester, étant donné l'inflation que connaissent les sources d'énergie, que ce soit l'électricité ou le mazout.

À retenir : quand le propriétaire hérite des frais de chauffage, l'investissement devient plus risqué.

7. Les logements sont suffisamment grands

Plus les logements sont grands, plus les locataires sont stables. Des appartements de deux ou trois chambres à coucher attirent une clientèle sédentaire
par rapport aux nomades qui peuplent les studios et les 3½.

Certains propriétaires m'ont toutefois confié préférer les appartements de
deux chambres, pour éviter les familles nombreuses et nécessairement plus
bruyantes. D'autres font valoir que les logements de trois chambres se font
rares et méritent une certaine prime dans le loyer.

À retenir : les immeubles composés de studios et d'unités d'une seule cham-
bre sont plus risqués que les plex comptant des appartements de deux
chambres ou plus.

8. L'insonorisation est suffisante

Vous cognez au numéro 11, et c'est le locataire du 12 qui ouvre ? Problème !
Une mauvaise insonorisation se corrige difficilement sans dépenser une
fortune. Cette insonorisation insuffisante aura une influence sur le choix
de vos locataires. Il serait malavisé d'installer une famille de six à l'étage si
le locataire du rez-de-chaussée se réveille la nuit quand son voisin se
mouche… Évitez de perdre votre locataire qui paie bien son loyer à cause
du bruit que font ses voisins.

Conclusion : si vous avez le choix, optez pour un bâtiment bien insonorisé.
À défaut, apprenez à bien connaître votre immeuble.

9. Les pièces sont vastes

Les ménages rapetissent, mais pas leur logement. La mode est aux aires
ouvertes et aux grandes pièces. Les logements de plus de 1000 pi^2 ont la
cote. Tenez-en compte.

10. Le revêtement de sol est à la mode

Le tapis est *out*, vive le bois franc ! Les essences de bois qui plaisent le plus sont l'érable, le merisier, le frêne, le chêne et le cerisier. Un beau stratifié peut faire illusion, à moindre coût. Dans la cuisine, la céramique ou l'ardoise crée un bel effet, et le charme rétro d'un beau linoléum plaît à certains.

11. La cuisine et la salle de bains sont au goût du jour

Restons dans la veine design et parlons salle de bains et cuisine. Un logement doté d'une cuisine et d'une salle de bains au goût du jour trouvera toujours plus facilement preneur, pour un loyer plus substantiel.

Qu'est-ce qu'une cuisine au goût du jour ? Des armoires en bois clair (au recyclage, la mélamine !) et des bois foncés pour les moulures. Le comptoir stratifié foncé a de nombreux adeptes. Quant aux couleurs des murs, avec jaune et bleu, vous ne vous trompez pas. La combinaison ocre et turquoise plaît tout autant.

Après le repas, passons à la salle de bains. Les baignoires à pattes en fonte ou en acrylique s'affichent pleine page dans les magazines de déco. Quand l'espace le permet, on sépare la douche du bain. Pour ce qui est de la robinetterie, le nickel brossé a sa place «parce qu'il masque les traces de doigts et les gouttes d'eau», me souffle à l'oreille ma femme, qui s'y connaît en la matière. Bref, quand vous aurez acheté que vous serez rendu là, faites comme moi, consultez les experts.

À retenir : quand sévit une pénurie de logements, tout appartement trouve preneur, y compris les miteux. Mais, en période de ralentissement de la demande, les beaux logements s'envolent les premiers.

12. Les portes et les fenêtres sont en bon état

Au cours d'une conférence, le P.D.G. d'une société immobilière spécialisée dans les appartements locatifs expliquait sa stratégie en matière de rénovation : «Quand mes logements sont pleins, je me concentre sur les réparations moins visibles: toiture, isolation, rejointoiement de briques, etc. Quand la demande faiblit, je m'occupe de ce qui paraît: portes et fenêtres, peinture, sablage de plancher, etc. »

Je suis parfaitement d'accord avec cette stratégie. Qui plus est, de belles fenêtres, modernes, étanches, propres et faciles d'entretien améliorent de beaucoup l'apparence extérieure de la propriété.

13. Des petits plus le distinguent

Balcon, jardin, climatisation centrale, boiseries, vue… Votre plex doit idéalement offrir plus que la concurrence. De belles boiseries, un balcon – deux, c'est mieux –, une vue sur la montagne ou sur un plan d'eau, ça compte.

Nos étés sont collants, si bien qu'à la première canicule, nombre de locataires se précipitent à la quincaillerie pour se procurer un climatiseur et le panneau de contreplaqué qui servira à bloquer le reste de la fenêtre. Si votre plex est muni d'un climatiseur central, vos locataires seront contents, et le voisinage vous saura gré de ne pas enlaidir la rue.

14. L'espace de rangement est suffisant

En général, les locataires déménagent pour deux raisons: le loyer et le manque d'espace. Vous garderez longtemps vos bons locataires en choisissant un immeuble ayant des garde-robes dans les chambres et, mieux encore, un débarras. Ce dernier peut être situé à l'intérieur du logement, au sous-sol ou à l'extérieur, dans un cabanon.

15. Chacun a sa place dans le stationnement

Un garage, ça se paie. Un espace de stationnement dédié, c'est précieux. Certains locataires rejettent d'emblée les logements qui en sont dépourvus. Si vous avez les deux et que vos voisins n'en ont pas, c'est encore mieux.

16. Il est ensoleillé

Nos hivers tristounets sont souvent déprimants. Un peu de soleil nous réconforte en attendant le retour du temps chaud. Visitez l'immeuble que vous convoitez à différentes heures du jour pour bien connaître son ensoleillement. Entre deux plex identiques, choisissez le plus ensoleillé.

17. Des entrées laveuse-sécheuse et lave-vaisselle équipent les logements

Je déteste laver la vaisselle et j'ai beaucoup mieux à faire que d'aller à la laverie avec mon ballot de linge sale dans les bras. C'est la même chose pour des locataires. Des entrées laveuse-sécheuse et lave-vaisselle attirent une clientèle de locataires aisés, stables et capables de payer un bon loyer… longtemps. C'est le genre de personnes que recherche tout proprio.

18. Des locataires de qualité y vivent déjà

Il peut paraître bizarre de mettre la qualité des locataires dans les critères de sélection d'un immeuble. On est au Québec après tout, une province où le locataire est roi. Justement! Le droit au maintien en logement est sacré dans la Belle Province. Conséquence : vous achetez un immeuble, son toit, ses murs et les locataires qui vivent dedans.

Il sera question des bons locataires au chapitre 11. En attendant, sachez qu'ils font partie des éléments à prendre en compte avant d'acheter un plex à votre goût.

COMMENT DÉNICHER CE PETIT TRÉSOR ?

Vous êtes à la recherche d'un plex? Commencez par le faire savoir! Dites-le aux membres de votre famille, aux joueurs de votre équipe de hockey, aux Chevaliers de Colomb, à vos amis, à vos collègues, aux employés du CPE et aux parents que vous y croisez. Faites la même chose pendant le cours de ballet de votre plus jeune…

Dites-vous que les rues sont peuplées de vendeurs motivés qui s'ignorent. Soyez un éveilleur de consciences! Vous verrez, c'est payant, puisque ces propriétaires n'ont généralement qu'une vague idée de la valeur réelle de leur immeuble. À vous d'en profiter! Et si le bouche à oreille tarde à donner des résultats, optez pour ces autres façons de faire.

1. Le porte-à-porte

Rien ne vous empêche de cogner aux portes. Vous remarquez un superbe plex en faisant une balade un dimanche après-midi. Allez sonner et dites au propriétaire, si vous avez la chance de tomber sur lui, que vous trouvez sa maison belle. Incidemment, comme vous cherchez à vous établir dans le quartier, vous vous demandiez comme ça, par hasard, si peut-être il n'envisageait pas de vendre sa propriété prochainement.

2. Les petites annonces

La révolution numérique causera-t-elle la chute du papier journal? Les papiers noircis n'ont guère la cote, mais certains dinosaures, moi le premier, s'entêtent à lire les journaux, les titres nationaux comme les hebdos de quartier. Après tout, c'est comme ça que j'ai trouvé mes plus récents locataires (je voulais des retraités, tranquilles, qui paient bien. Je me doutais qu'ils ne chercheraient pas un appartement dans Internet. Cependant, les temps changent…).

Remarquez que la plupart des quotidiens mettent en ligne leurs petites annonces. Ça permet de ne pas trop bouleverser ses vieilles habitudes.

3. Les sites Internet de vente sans intermédiaire

Les agents immobiliers snobent les propriétés à vendre sans intermédiaire parce qu'elles ne leur permettent pas de toucher une commission. Je ferais comme eux à leur place, mais là n'est pas la question. Ces propriétés vendues directement par le propriétaire passent inaperçues auprès de nombreux acheteurs représentés par un agent immobilier. Moins d'acheteurs, ça veut dire moins de pression, ça veut aussi dire plus de place à la négociation pour un fin renard comme vous. Soyez opportuniste, visitez des sites comme DuProprio.com, qui souffle en passant ses 10 bougies en 2007.

4. L'agent immobilier

Dans un marché cher comme celui de 2007, les plex vendus à bon prix partent vite, vite, vite. Ils se vendent souvent avant d'avoir été affichés dans le site de l'Association canadienne de l'immeuble (www.sia.ca). En montrant à un bon agent votre sérieux et vos moyens financiers, vous augmenterez de beaucoup vos chances d'avoir un appel lorsqu'une occasion se présentera.

5. Les sites d'agents spécialisés dans la vente d'immeubles locatifs

Des agents comme Louise Roy (www.louiseroy.com) et Patrice Ménard (www.patricemenard.com) se spécialisent dans l'achat et la vente de plex, petits et gros. Visitez régulièrement leur site Internet. Prenez connaissance des propriétés dont ils s'occupent. Abonnez-vous à leur circulaire d'information, le cas échéant. Écrivez-leur. Décrivez le produit que vous recherchez. Ils ne vous oublieront pas, vous verrez.

Trouver un plex à vendre est une chose, dénicher une aubaine en est une autre. Pour passer de l'un à l'autre, il faut savoir compter. Le chapitre suivant vous montre comment faire.

Chapitre 7

Combien payer
pour son immeuble?

Le moment tant attendu est enfin arrivé. Vous avez d'abord analysé vos objectifs d'investisseur immobilier. Vous avez ensuite trouvé le secteur où vous achèterez. Vous avez déniché deux ou trois plex intéressants. C'est le temps de sortir la calculette pour déterminer combien vous allez payer.

Pour arriver à calculer le bon prix d'achat, je propose une démarche en quatre étapes:

- Recueillir les renseignements sur les revenus et les dépenses.
- Ajuster les revenus et les dépenses.
- Calculer le rendement espéré.
- Calculer le prix d'achat.

Les calculs ont été réalisés à l'aide de l'outil informatique Zoom-Imm, de la firme Magex Technologies de Sherbrooke (www.zoom-imm.com). D'autres logiciels servent à l'analyse financière de l'investissement immobilier, comme Invest-pro, de l'évaluateur Christian Guay (www.investisseurimmobilier.com).

ÉTAPE 1
RECUEILLIR DES RENSEIGNEMENTS
SUR LES REVENUS ET LES DÉPENSES

Considérons un triplex de Laval-des-Rapides, qui était sur le marché en décembre 2006.

Il s'agit d'un triplex superposé, qui est jumelé avec un triplex semblable, c'est-à-dire qu'un mur mitoyen les sépare. Il se trouve à distance de marche de la station de métro Concorde. On y trouve un garage, un jardin à l'arrière, trois espaces de stationnement, un balcon à l'étage. Construit en 1977, le triplex compte deux unités de trois chambres et un logement de deux chambres. Le chauffage électrique est aux frais des locataires. Prix demandé : 349 000 $. Évaluation municipale de 2007 : 302 200 $.

Loyers :

4 1/2 au demi-sous-sol : . . . . .455 $ par mois

5 1/2 au rez-de-chaussée : . . . . .688 $ par mois

5 1/2 à l'étage : . . . . .541 $ par mois

Dépenses déclarées :

Taxe scolaire : . . . . .702,10 $

Impôt foncier : . . . . .4061,32 $

L'emplacement de ce triplex, près d'une station de métro, lui assure un bon potentiel de location. Le chauffage à l'électricité est payé par les locataires, ce qui est un autre bon point. La division de l'immeuble et sa superficie sont intéressantes : un logement par étage, environ 1160 pi^2 pour chacun des 5½. De plus, les locataires du rez-de-chaussée ont accès à la cour et au garage.

Mauvais point : les loyers sont ridiculement bas. Le 4½ au sous-sol devrait se louer au moins 550 $ par mois, soit 95 $ de plus. Le 5½ du rez-de-chaussée (avec accès au garage et à la cour) mériterait un loyer de près de 1000 $ par mois, au lieu de 688 $. Finalement, le 5½ à l'étage a le potentiel d'aller chercher un loyer de 700 $ au lieu de celui de 541 $. Ces estimations sont basées sur la moyenne des loyers dans Laval-des-Rapides en octobre 2006, selon le *Rapport sur le marché locatif* de la SCHL.

Au téléphone, la propriétaire nous dit que les locataires du rez-de-chaussée et de l'étage habitent l'immeuble depuis plus de 15 ans. Le prochain propriétaire aura donc de la difficulté à augmenter les loyers. Au prix qu'ils paient, les locataires risquent de coller longtemps.

Doit-on fuir un plex dont les loyers sont trop bas ?

Sur ce point, deux philosophies s'affrontent.

Pour les optimistes, des loyers peu élevés signifient qu'il existe un potentiel de les augmenter, comme c'est le cas dans notre exemple de Laval-des-Rapides. Ils se disent, non sans raison, que tout locataire finit par déménager. C'est une loi naturelle.

En augmentant les loyers, ils augmentent leurs revenus et, en même temps, la valeur de l'immeuble, ce qui bonifie le rendement de leur investissement. Ces optimistes choisiront toujours le plex qui a les loyers les moins élevés lorsqu'ils auront le choix entre deux propriétés à vendre à des prix semblables. Ils veulent profiter de ce potentiel de création de la valeur.

Pour les pessimistes, un plex dont les loyers sont bas est inévitablement synonyme de locataires qui s'incrusteront jusqu'à leur dernier soupir. Cela signifie de probables batailles épiques devant la Régie du logement à tous les printemps pour discuter de la hausse annuelle de loyer. Tant qu'à payer le gros prix pour un plex, se disent les pessimistes, mieux vaut avoir d'emblée de bons locataires capables de payer un loyer élevé.

Selon moi, il s'agit d'une question de goût. Si vous investissez en immobilier pour maximiser votre placement, allez-y avec un plex dont les loyers sont bas ; au départ d'un locataire, profitez-en pour remettre le logement au prix du marché. Oui, oui, c'est tout à fait posssible et légal. Vous le verrez avec moult détails au chapitre 12 portant sur la Régie du logement. Autrement, choisissez un immeuble avec de bons loyers et épargnez-vous des soucis !

Après 30 ans d'âge, un plex a besoin de travaux. Le vendeur énumère justement les rénos qu'il a faites il y a peu de temps au sous-sol, dans les salles de bains, dans les cuisines et à la toiture. Qu'en est-il des chauffe-eau, des fenêtres, de la porte de garage, de l'entrée asphaltée, du balcon ? À vérifier sur place.

Le vendeur ne déclare pas de dépenses, sauf l'impôt foncier de l'année précédente. Il faut alors compléter la liste en lui demandant de fournir ses factures d'assurances, d'entretien, de déneigement, de réparation. S'il refuse, il faut aller chercher l'information auprès des assureurs, des entrepreneurs en déneigement, des fournisseurs d'énergie.

L'objectif est d'avoir la meilleure estimation possible des dépenses d'exploitation du plex. Pour ce faire, on appelle au moins deux fournisseurs, par exemple deux assureurs, et on leur demande combien coûterait la police d'asssurance habitation propriétaire pour le triplex. Il n'est pas nécessaire d'appeler le fournisseur de l'actuel propriétaire du plex. Le but, je le répète, est d'arriver à une estimation la plus juste possible des dépenses d'exploitation de l'immeuble.

Pour ce qui est de la consommation d'énergie, c'est plus simple. Si le chauffage est électrique, on appelle Hydro-Québec; si l'immeuble est chauffé au gaz naturel, on téléphone à Gaz Métro. On leur demande la consommation énergétique et le coût pour les deux ou trois dernières années et on fait la moyenne annuelle.

Avant d'effectuer des calculs précis, utilisons deux indicateurs simples:

- le **multiplicateur du revenu brut,** qui consiste à diviser le prix de vente par les revenus annuels que dégage l'immeuble;

- le **prix à la porte,** qui consiste à diviser le prix de vente par le nombre de logements que compte l'immeuble.

Ces deux indicateurs, quoique imparfaits (je reviendrai sur leurs limites), donnent rapidement une idée de la rentabilité d'une propriété achetée au prix demandé. Ils vous feront gagner un temps précieux, car vous rejetterez illico les propriétés trop chères.

Le **multiplicateur du revenu brut** consiste à diviser le prix de vente par les revenus annuels que dégage l'immeuble. Dans ce cas-ci, 349 000 \$ ÷ 20 208 \$ = 17,3. Le résultat ne doit pas dépasser 12, car au-delà de ce seuil, la rentabilité n'est pas au rendez-vous, à moins que vous occupiez un des logements (voir chapitre suivant). Donc, au prix demandé, le triplex de Laval-des-Rapides se vend 17,3 fois ses revenus bruts, ce qui est **énorme.**

Une analyse réalisée au printemps 2007 par la firme Magex Technologies montre que les plex de la banlieue montréalaise se vendent à un prix équivalant à 13 fois leurs revenus bruts. À un multiplicateur de 13, la rentabilité est loin d'être assurée. Imaginez ce que ça donne à 17 fois les revenus, comme dans notre exemple!

Le **prix à la porte** consiste à diviser le prix demandé par le nombre de logements de l'immeuble. Le résultat ne doit pas excéder 150 000 $, soit à peu près le prix de revient d'une unité d'un plex flambant neuf, incluant le terrain.

Reprenons notre exemple : 349 000 $ ÷ 3 = 116 333 $ par logement. Est-ce cher ? Ce n'est pas une aubaine, mais c'est certainement moins cher que le coût d'un triplex neuf. Est-ce beaucoup plus élevé que le marché en 2006 à Laval ? Pas vraiment. Sur le site payant www.jlr.com, de la société JLR recherche immobilière, on recense quatre plex qui se sont vendus à un kilomètre à la ronde, dans les trois derniers mois de 2006, à un prix à la porte variant de 78 750 $ à 166 500 $, avec une moyenne de 120 000 $. Beaucoup d'agents immobiliers sont abonnés à ce site. Demandez au vôtre qu'il vous sorte le prix des immeubles comparables à la propriété que vous zyeutez, vendus au cours des trois derniers mois.

À ce moment-ci, nous pouvons conclure qu'au prix demandé l'immeuble est loin d'être rentable. Vous devrez donc offrir beaucoup moins que le prix demandé pour espérer un rendement décent. Un vendeur motivé écoutera toute offre raisonnable. Cependant, vous retrancherez combien ? C'est ce que nous devrons calculer.

ÉTAPE 2
AJUSTER LES REVENUS ET LES DÉPENSES

Cette deuxième étape consiste à déterminer de façon réaliste les revenus et les dépenses d'exploitation de l'immeuble.

Pour ce qui est des revenus, nous travaillons à partir des loyers déclarés de 2006, que nous majorons de 2 % pour tenir compte de l'appréciation des loyers dès juillet 2007. Pour prendre en considération le risque de ne pas nous faire payer, nous prenons une provision pour mauvaises créances et inoccupation équivalant à 3 % du revenu des loyers. Ce taux de 3 % correspond au taux d'inoccupation dans un marché locatif qui tend vers l'équilibre, c'est-à-dire qu'il ne favorise ni les propriétaires ni les locataires.

En 2007, à Laval, le marché favorise les propriétaires, puisque le taux d'inoccupation se situe à près de 2 %, mais cette situation ne durera pas éternellement.

	MONTANTS DÉCLARÉS	MONTANTS AJUSTÉS
Loyers bruts :	20 208 $	20 612 $
(-) Provision pour mauvaises créances :	0 $	618 $
(=) Loyers nets :	20 208 $	19 994 $

Quant aux dépenses,
les principaux postes sont ceux-ci :

> Taxe scolaire
> Impôt foncier
> Assurances
> Gestion (comptabilité, impôt)
> Conciergerie (entretien, perception des loyers, visite des logements)
> Déneigement/pelouse
> Combustible
> Électricité
> Entretien et réparations
> Réserve

Dans le cas de notre plex de Laval, le chauffage est facturé directement aux locataires. La tonte de la pelouse et le déneigement sont pris en charge par le locataire du rez-de-chaussée.

Il reste maintenant à ajuster ces dépenses.

DÉPENSES	MONTANTS DÉCLARÉS	MONTANTS AJUSTÉS
Taxe scolaire	702,10 $	820,03 $
Impôt foncier	4061,32 $	4288,67 $
Assurances	n.d.	1000 $
Gestion	n.d.	200 $
Conciergerie	n.d.	200 $
Entretien et réparations	n.d.	3500 $
Réserve	n.d.	3000 $

Total des dépenses déclarées : . . . . .**4763,42 $**

Total des dépenses ajustées : . . . .**13 008,70 $**

Ces ajustements s'expliquent ainsi.

- **Impôt foncier.** Les montants déclarés par le vendeur sont ceux de 2006. On a calculé les taxes pour 2007.

- **Assurances.** Le montant dépend de la valeur assurable de l'immeuble, laquelle a monté en flèche ces dernières années. Environ 1000 $.

- **Gestion.** Préparer les relevés d'impôt des locataires, la déclaration de revenus de location au fisc, le renouvellement du bail entraîne des frais. Un montant de 200 $ constitue un strict minimum, et seulement si vous comptez accomplir vous-même ce travail. À titre informatif, le banquier évalue les frais de gestion à environ 5 % des revenus dans le cas d'immeubles de 11 logements et plus.

- **Conciergerie.** Percevoir les loyers, veiller au respect des règlements de l'immeuble, faire visiter les logements qui se libèrent sont des choses qui demandent du temps et des déplacements. Un montant de 200 $ par un an est un minimum.

- **Entretien et réparations.** Un immeuble suscite bon an mal an des dépenses d'entretien et de réparations équivalant à 1 % de la valeur de l'immeuble (1 % de 349 000 $ = 3490 $). Une année, c'est la peinture à rafraîchir ; l'année suivante, c'est la tuyauterie de la cuisine qui doit être réparée, ça n'arrête jamais.

- **Réserve.** Après 30 ans, les grands travaux se succèdent : fenêtres, briques, toiture, asphalte, portes, etc. Et ils coûtent cher ! Il est prudent de mettre de côté un minimum de 3000 $ par année. Des travaux de 30 000 $ sur une période de 10 ans restent un scénario réaliste.

ÉTAPE 3
CALCULER LE RENDEMENT ESPÉRÉ

Il a été question du multiplicateur du revenu brut et du prix à la porte pour évaluer la rentabilité d'une propriété. Ces deux indicateurs, quoique précieux, ont des faiblesses.

Le multiplicateur du revenu brut, par exemple, ne s'intéresse qu'au revenu et néglige de considérer les dépenses. Or, si deux immeubles génèrent un revenu identique mais que, pour un d'entre eux, le chauffage est aux frais du propriétaire, sa rentabilité sera beaucoup plus faible, même si les deux immeubles ont exactement le même multiplicateur du revenu brut.

Quant à l'indicateur du prix à la porte, il est encore moins précis que le multiplicateur du revenu brut parce qu'il ne tient compte ni du revenu des loyers ni des dépenses. Ainsi, un immeuble ayant un prix à la porte de 100 000 $ mais dont les loyers sont élevés pourra très bien s'avérer plus rentable qu'un autre plex dont le prix à la porte est de 80 000 $, mais avec des loyers bon marché.

Pour arriver à fixer votre prix d'achat, vous devez déterminer le rendement que vous voulez obtenir avec votre plex. En tant qu'investisseur, vous devez aussi préciser vos attentes en cette matière. Voici les deux mesures de rendement qui s'appliquent à l'immobilier et les taux auxquels les investisseurs s'attendent en 2007.

1) le **rendement de l'immeuble,** plus communément appelé le **rendement sur l'actif**;

2) le **rendement sur la mise de fonds,** appelé aussi le **rendement sur l'avoir**;

Dans les deux cas, il s'agit du rendement calculé avant impôt.

Le rendement sur l'actif

DES CHIFFRES

Le calcul du rendement sur l'actif se fait ainsi :

$$\frac{(\text{rendement courant} + \text{plus-value d'un immeuble})}{\text{prix d'achat de l'immeuble}} = \text{rendement sur l'actif}$$

Calcul du rendement courant :

$$\frac{\text{Loyers nets} - \text{dépenses d'exploitation}}{\text{prix d'achat de l'immeuble}} = \text{rendement courant}$$

Calcul de la plus-value :

Valeur de l'immeuble aujourd'hui – le coût à l'achat = plus-value

Pour calculer le rendement d'un immeuble, il faut donc poser des hypothèses d'appréciation de sa valeur dans le temps. Je vous suggère de travailler à partir d'un taux d'inflation de 2 %, soit la cible à long terme de la Banque du Canada concernant la variation annuelle de l'indice des prix à la consommation. C'est prudent et réaliste.

Avec le calcul du rendement sur l'actif, vous pourrez comparer la rentabilité attendue de votre investissement dans un plex par rapport à d'autres catégories d'investissement, comme les certificats de dépôt. Autre avantage : le calcul du rendement sur l'actif permet de comparer rapidement la rentabilité de différents immeubles. À noter que le rendement sur l'actif ne tient pas compte de l'effet de levier, donc le calcul se fait sans considérer la structure de financement.

Calculons maintenant le rendement du triplex de Laval-des-Rapides, au prix demandé.

Calcul du rendement sur l'actif pour la première année :

DES CHIFFRES

Calcul du rendement sur l'actif :

$$\frac{\text{(loyers nets – dépenses d'exploitation) + plus-value}}{\text{prix d'achat de l'immeuble}} = \frac{\text{rendement}}{\text{sur l'actif}}$$

où

Plus-value après un an = 2 % de 349 000 $ = 6 980 $

$$\frac{(19\,994\,\$ - 13\,008\,\$) + 6\,980\,\$}{349\,000\,\$} = 4\,\%$$

$$\frac{13\,966\,\$}{349\,000\,\$} = 4\,\%*$$

* de rendement sur l'actif

Que nous dit ce rendement annuel de 4 % ? Au prix demandé de 349 000 $, le taux de rendement sur l'actif n'est que de 4 %, soit moins que ce que donne un certificat de dépôt de longue échéance, qui ne comporte pas de risque.

Le rendement sur la mise de fonds

Il se calcule ainsi :

DES CHIFFRES

Calcul du rendement sur la mise de fonds :

$$\frac{\text{(encaisse + remboursement en capital sur le prêt hypothécaire + plus-value)}}{\text{mise de fonds à l'achat du plex}}$$

Calcul de l'encaisse :

Loyers nets – dépenses d'exploitation – versements hypothécaires annuels

Pour calculer le rendement sur la mise de fonds, il faut imaginer un scénario de financement. Disons que nous disposons d'une mise de fonds de 60 000 $ pour l'achat du plex. Étant donné que cette mise de fonds est inférieure à 25 % de la valeur de l'immeuble, nous devrons souscrire à une assurance prêt hypothécaire. Cette prime d'assurance sera ajoutée au montant du prêt. Nous considérons ici un prêt d'un terme de 5 ans à un taux fixe de 6 % amorti sur 25 ans.

Au prix demandé par le vendeur (349 000 $), le remboursement de l'hypothèque atteint 1936 $ par mois ou 23 233 $ par année, soit plus que le revenu brut produit annuellement par les loyers, lequel s'élève à 19 995 $.

DES CHIFFRES

Loyers nets :	19 994 $
Dépenses d'exploitation :	13 008 $
Paiements hypothécaires :	23 233 $
Remboursement en capital sur le prêt après un an :	5 446 $
2 % de plus-value après un an :	6 980 $

Calcul du rendement sur la mise de fonds :

19 994 $ − 13 008 $ − 23 233 $ + 5 446 $ + 6980 $ = − 3 821 $ ÷ 60 000 $ = - 6,4 %*

après la première année

Ça va mal à la *shop* ! En payant ce plex 349 000 $, vous vous appauvrirez, surtout les premières années. Au fur et à mesure que vous rembourserez votre prêt hypothécaire, le rendement augmentera, pour finalement tendre vers les 4 % avec l'extinction de la dette hypothécaire. Un rendement de 4 % correspond au rendement sur l'actif calculé précédemment.

Ma grille d'analyse d'un investissement immobilier

Voici comment je procède pour évaluer si l'achat est intéressant.

A) Je cherche un investissement immobilier qui me donnera un rendement sur l'actif supérieur au taux d'intérêt hypothécaire de long terme, afin de bénéficier d'un effet de levier positif. Le *fun* en immo, c'est de faire de l'argent avec l'argent des autres. Encore faut-il que la propriété rapporte plus que ce que coûte l'emprunt. Si j'emprunte à un taux de 5 % à la banque et que mon immeuble donne du 8 %, l'immeuble paie l'emprunt, et il me reste 3 % dans mes poches pour parer aux imprévus, comme une hausse de l'impôt foncier, des réparations urgentes à effectuer, etc.

B) Je cherche un immeuble qui me donnera un rendement sur la mise de fonds supérieur à 10 % pour récompenser le risque associé à un investissement immobilier par rapport à un placement sans risque, dans un certificat de dépôt par exemple. Pareil investissement donne du 4 % à l'hiver 2007.

C) Idéalement, je cherche un immeuble qui rapportera de l'argent le plus rapidement possible. Les loyers doivent être suffisamment élevés pour couvrir à la fois les frais d'exploitation et les frais d'intérêts. De cette façon, l'immeuble se paie tout seul ou presque.

Considérant cette grille d'analyse, je n'achèterai pas le plex de Laval-des-Rapides au prix demandé.

Critère A :
le rendement espéré sur l'actif (4 %) est inférieur au taux hypothécaire de long terme (6 %).

Critère B :
le rendement espéré sur la mise de fonds (- 6,4 %) est nettement inférieur aux 10 % que j'exige d'un rendement immobilier, il est même fortement négatif les premières années.

Critère C :
l'immeuble ne parvient pas à faire ses frais.

Les loyers nets : . . . . .19 994 $

(-) les dépenses d'exploitation : . . . . .13 008 $

(-) paiments hypothécaires : . . . . .23 233 $

(+) capital remboursé : . . . . .5 446 $

(=) déficit de . . . . .10 801 $, la première année

Les revenus sont insuffisants pour couvrir les dépenses d'exploitation et les frais d'intérêts.

Alors, à quelles conditions ce plex de Laval-des-Rapides pourrait-il devenir attrayant?

ÉTAPE 4
CALCULER LE PRIX D'ACHAT

Actuellement, faire de l'argent en immobilier est toujours possible, mais il faut prendre plus de risques qu'avant et travailler fort. Dans le cas du plex de Laval-des-Rapides, un investisseur particulièrement déterminé pourrait se laisser convaincre de l'acheter à certaines conditions.

Premièrement, cet investisseur se fixerait l'objectif d'augmenter le plus rapidement possible les loyers, quitte à déplaire aux locataires en place. Le chapitre 12 expliquera comment faire grimper les loyers malgré la Régie du logement.

Deuxièmement, il ferait le pari que la valeur des immeubles dans Laval-des-Rapides augmentera plus rapidement dans les prochaines années que la moyenne des immeubles lavallois, en raison de la présence du métro.

Calculons maintenant le prix d'achat cible en fonction de ces nouvelles hypothèses concernant le revenu des loyers et la plus-value annuelle. Voici les données de départ ajustées.

Loyers mensuels: 550 $ + 1000 $ + 700 $ = ...2250 $
(au lieu de 1684 $ comme auparavant)

Loyers annuels: . . . . .27 000 $

Provision pour inoccupation et mauvaises créances (3 %): . . . . .810 $

Loyers nets annuels: . . . . .26 190 $

Dépenses d'exploitation annuelles : ....13 008 $

Mise de fonds à l'achat : ....60 000 $

Plus-value annuelle de l'immeuble : ....4 % (au lieu de 2 %)

Selon ma grille d'analyse, il faut un rendement sur l'immeuble supérieur au taux d'intérêt, disons 8 % ; il faut aussi un rendement sur la mise de fonds d'au moins 10 % par année et des loyers qui paient les dépenses d'exploitation et les frais d'intérêts le plus tôt possible.

Partant de ces nouvelles hypothèses, notre investisseur déterminé atteindrait ses objectifs en payant l'immeuble 293 000 $. Voyons comment en arriver là.

DES CHIFFRES

$$\frac{(\text{loyers nets} - \text{dépenses d'exploitation}) + \text{plus-value}}{\text{prix d'achat de l'immeuble}} = \text{taux de rendement}$$

Inversement :

$$\frac{(\text{loyers nets} - \text{dépenses d'exploitation})}{(\text{taux de rendement} - \text{plus-value})} = \text{prix d'achat de l'immeuble}$$

$$\frac{(26\ 190\ \$ - 13\ 008\ \$)}{(8{,}5\ \% - 4\ \%)} = 292\ 933\ \$$$

À 293 000 $ et avec une mise de fonds de 60 000 $, l'investisseur atteint ses objectifs. Le plex donne un rendement sur la mise de fonds d'environ 18 %, en tenant compte de l'assurance prêt hypothécaire.

Calcul du rendement sur la mise de fonds :

DES CHIFFRES

Montant du prêt hypothécaire : (incluant l'assurance prêt)	235 330 $
Taux hypothécaire 5 ans :	6 %
Prêt amorti sur 25 ans	
Versements hypothécaires annuels :	1 506 $/mois x 12 mois = 18 072 $
Capital remboursé après un an :	3 892 $
Plus-value après un an :	4 % de 293 000 $ = 11 720 $

$$\frac{\text{Loyers nets} - \text{dépenses d'exploitation} - \text{versements hypothécaires} + \text{capital remboursé} + \text{plus-value}}{\text{mise de fonds}} = \text{rendement sur mise de fonds}$$

$$\frac{26\,190\,\$ - 13\,008\,\$ - 18\,072\,\$ + 3\,892\,\$ + 11\,720\,\$}{60\,000\,\$} = 18\,\%$$

Quant à la situation de l'encaisse, l'immeuble ne fait pas d'argent la première année (encaisse = loyers nets - dépenses d'exploitation - versements hypothécaires + capital remboursé). Cependant, le déficit est d'à peine 998 $. À moins de mauvaises surprises, les loyers parviennent à payer les dépenses d'exploitation et les frais d'intérêts dès la troisième année compte tenu du capital remboursé sur le prêt hypothécaire.

Mais avant de vous exciter, rappelez-vous que ces calculs de rentabilité sont basés sur des loyers hypothétiques, non pas réels. Plus vous tarderez à augmenter les loyers, moins le plex sera rentable. Il sera même déficitaire. Et au loyer qu'ils paient, les locataires seraient fous de partir, surtout que la loi (lire la Régie du logement) leur donne le droit d'y rester aussi longtemps qu'ils le voudront bien, à moins de devoir laisser leur logement au propriétaire-occupant. Autre hic, le vendeur acceptera-t-il de baisser son prix de 56 000 $? Peu probable.

L'achat de ce plex à des fins d'investissement demeure donc très risqué. En effet, seul un propriétaire-occupant pourrait de façon logique payer plus de 300 000 $ pour ce plex, comme vous le verrez au chapitre suivant.

Pourquoi pas un p'tit bloc ?

Le marché des duplex et des triplex est dominé par les propriétaires-occupants qui cherchent à diminuer le montant qu'ils déboursent pour se loger, et non pas pour faire un profit. Patrice Ménard, un agent immobilier spécialisé dans les immeubles locatifs, recommande aux investisseurs de se tourner vers les immeubles de six logements et plus s'ils veulent vraiment faire de l'argent.

Cet agent publie *L'actif immobilier*, un bulletin électronique qui recense les transactions des immeubles locatifs sur l'île de Montréal (www.patriceme-nard.com). Il a calculé à l'hiver 2007 que la différence entre le prix moyen d'un triplex et celui d'un immeuble de 6 logements est de seulement 40 000 $. Spécial ! La raison ? Les immeubles de six logements sont évalués par les établissements financiers selon le revenu des loyers et non pas sur la base de ventes comparables, ce qui limite leur inflation.

Dans le cas des duplex et des triplex, les acheteurs, les vendeurs et les prêteurs les évaluent en fonction du prix des ventes récentes d'immeubles comparables, peu importe les loyers. Résultat : leur prix a explosé !

Chapitre 8

Habiter son plex, oui ou non?

Les plex se vendent cher. L'option d'en occuper une partie mérite considération. Après tout, les gens payent des prix de fou pour des cottages qui ne génèrent aucun revenu. Alors pourquoi ne pas joindre l'utile à l'agréable en achetant un triplex pour en occuper le logement principal? Vous aurez à la fois un toit et des revenus. En prime, vous ferez vos premières armes comme investisseur immobilier.

Une maison est une dépense; un immeuble locatif, un investissement. Un plex est tout cela à la fois. Comment estimer le prix à payer pour un immeuble quand on veut occuper un de ses logements? Comment calculer alors la rentabilité de son investissement?

La rentabilité, rappelez-vous, provient du revenu net (loyers, moins dépenses d'exploitation, moins intérêts payés sur le prêt hypothécaires) que produit l'immeuble, revenu jumelé à l'appréciation future de sa valeur marchande.

DES CHIFFRES

Rendement courant + plus-value de l'immeuble = rendement total

Cette rentabilité pourra être estimée selon deux méthodes. La première consiste à **isoler les parties locatives** en soustrayant du coût d'achat le coût du logement qu'occupera le propriétaire. Ce coût sera égal au prix payé pour se loger dans une maison unifamiliale du quartier. Plus concrète, la deuxième méthode consiste à **calculer le coût réel du logement** que le propriétaire occupera dans le triplex par rapport au même logement offert en location sur le marché.

Vous ne comprenez rien? Suivez-moi : nous appliquerons tout ça à notre triplex de Laval-des-Rapides. Le prix demandé pour ce triplex, qui compte deux 5½ et un 4½, est de 349 000 $.

LA MÉTHODE DU BUNGALOW

Dans ce secteur géographique, au cours des 3 derniers mois, 34 maisons unifamiliales se sont vendues dans une fourchette de prix de 110 000 $ à 500 000 $, pour une moyenne de 180 000 $. Ces données proviennent du site www.jlr.ca, qui divulgue à ses abonnés payants une foule de données sur les transactions immobilières au Québec. À défaut d'avoir accès à ce site Internet, demandez à votre agent immobilier de vous faire sortir le prix des ventes récentes des maisons unifamiliales du secteur. Une dizaine de transactions récentes dans le secteur sont à mon avis suffisantes pour établir un bon ordre de grandeur.

Nous savons donc que les maisons unifamiliales se vendent actuellement en moyenne 180 000 $ dans le secteur de Laval-des-Rapides. Ce prix est utile pour établir la valeur de la partie locative de l'immeuble. Voici comment :

DES CHIFFRES

(A) Prix demandé pour le plex : 349 000 $

(B) Prix de vente moyen des unifamiliales dans le secteur : 180 000 $

(A – B) Valeur de la partie locative du triplex : 169 000 $

Maintenant que nous connaissons la valeur de la partie locative (169 000 $), déterminons quel pourcentage du prix total elle représente :

$$\frac{169\ 000\ \$\ \text{(valeur locative)} \times 100}{349\ 000\ \$\ \text{(prix demandé)}} = 48\,\%$$

Une fois établie la valeur de la partie locative du plex, il faut calculer le rendement espéré sur cette partie de l'investissement. Prenons les revenus, les dépenses d'exploitation et le financement et appliquons la formule sur le taux de rendement sur l'actif, aussi appelé rendement de l'immeuble (voir chapitre précédent). Nous allons considérer une plus-value généreuse de 4 % par année, compte tenu de la proximité d'une station de métro.

DES CHIFFRES

$$\frac{(\text{loyers nets} - \text{dépenses d'exploitation}) + \text{plus-value}}{\text{prix d'achat relatif aux logements locatifs}} = \text{taux de rendement}$$

Loyers mensuels

0 $ (5 ½ du rez-de-chaussée à l'usage du propriétaire)

541 $ (5 ½ à l'étage)

+ 455 $ (4 ½ du demi-sous-sol)

996 $, + ajustement de 2 % (voir p. 100, dernier paragraphe) = 1 016 $

Loyers annuels

1 016 $ X 12 = ...12 192 $

(-) Provisions pour mauvaises créances et inoccupation
(3 %, voir chapitre précédent) = ...366 $

Loyers nets = ...11 826 $

Dépenses

Dépenses d'exploitation ajustées de l'ensemble de l'immeuble
(voir chapitre précédent) = ...13 008 $

% des dépenses en fonction des loyers nets : .65 %

(13 008 $ ÷ 19 994 $ [loyers nets de l'immeuble au complet] X 100)

Dépenses annuelles d'exploitation des logements locatifs = ...7 687 $

(65 % de 11 826 $ [loyers nets])

Revenus nets annuels = ...4 139 $

(loyers nets - dépenses annuelles d'exploitation des logements locatifs)

Financement

Mise de fonds = .60 000 $ (voir chapitre précédent)

Mise de fonds applicable aux logements locatifs = ...28 800 $

(48 % [valeur relative de la partie locative] de 60 000 $)

Prêt hypothécaire applicable aux logements locatifs = ...141 148 $

(6 % sur 25 ans, incluant l'assurance prêt)

Versement hypothécaire sur les logements locatifs = . . .10 837 $ par année

(904 $ par mois X 12)

Remboursement de capital après un an = ...2 540 $

Plus-value annuelle (4 % de 169 000 $) = ...6 760 $ après un an

Pour déterminer si vous faites une bonne affaire en achetant ce plex comme propriétaire-occupant, reprenez le premier critère de ma grille d'analyse (voir chapitre précédent). Naturellement, c'est à vous de fixer votre objectif en fonction de votre tolérance au risque. Néanmoins, cette grille constitue un bon guide de départ.

Vous cherchez un rendement sur la partie locative de votre immeuble supérieur au taux d'intérêt de long terme qui est, dans notre exemple, de 6%? Disons que vous souhaitez un taux de 8% dans le but de profiter d'un effet de levier positif. Notez bien qu'il s'agit d'un taux de rendement avant impôt.

Calcul du taux de rendement:

DES CHIFFRES

$$\frac{\text{(loyers nets – dépenses d'exploitation)} + \text{plus-value}}{\text{prix d'achat relatif aux logements locatifs}} = \text{taux de rendement relatif aux logements locatifs}$$

$$\frac{11\ 826\,\$ - 7\ 687\,\$ + 6\ 760\,\$}{169\ 000\,\$} = 6,4\,\%$$

L'analyse

Au prix demandé de 349 000 $, le rendement obtenu sur les logements locatifs donne un peu plus que le rendement que procure un certificat de dépôt sans risque. Dans les circonstances, mieux vaut que vous achetiez un bungalow à 180 000 $ et que vous placiez vos économies dans un certificat de dépôt de 5 ans à du 4% ou 5% l'an. C'est moins risqué, moins exigeant, et presque aussi payant, du moins avant l'impact fiscal, comme vous le verrez au chapitre 14.

Si vous voulez obtenir un rendement de 8 % sur la partie locative de votre triplex, combien devriez-vous payer sachant qu'une maison unifamiliale dans le secteur vaut en moyenne 180 000 $? À partir de la formule du taux de rendement, on calcule le prix d'achat désiré de la façon suivante:

DES CHIFFRES

Calcul du prix d'achat relatif aux logements locatifs

$$\frac{\text{(loyers nets - dépenses d'exploitation)}}{\text{(taux de rendement - plus-value)}} =$$

$$\frac{(11\ 826\ \$ - 7\ 687\ \$)}{(8\ \% - 4\ \%)} = 103\ 475\ \$*$$

* soit le prix d'achat relatif aux logements locatifs.

À un prix de 283 475 $, soit 180 000 $ pour le logement principal et 103 475 $ pour les logements locatifs, ce plex s'avérerait rentable pour un propriétaire-occupant avec les loyers en vigueur. Or, compte tenu de la dynamique du marché qui a cours ces années-ci, il est peu probable que le propriétaire le laisse partir à ce prix.

Une variante

Une variante de cette première méthode consiste à répartir les dépenses non pas en fonction du revenu des loyers comme nous venons de le faire, mais selon le pourcentage de la superficie de la propriété offerte en location.

Dans ce cas-ci, en tant que propriétaire-occupant, vous comptez occuper l'unité du rez-de-chaussée, le garage ainsi que le jardin, ce qui correspond à 50 % de la propriété. Vous devriez donc assumer 50 % des dépenses de l'immeuble. Les locataires des deux autres logements assumeraient l'autre 50 %.

Quelle est la différence entre les deux formules? En gros, la deuxième option tient compte du fait que le propriétaire-occupant se logerait dans l'unité où le loyer était le plus faible par rapport au marché. Rappelons que le loyer en vigueur est de 688 $ par mois, tandis que le marché se situe autour de 1000 $ par mois (voir chapitre précédent).

Refaisons les calculs.

Les loyers nets annuels demeurent inchangés à 11 826 $.

Les dépenses d'exploitation annuelles relatives aux logements locatifs se fixent dorénavant à 6504 $, soit 50 % des dépenses d'exploitation ajustées de 13 008 $.

Calcul du taux de rendement:

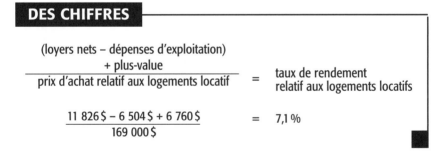

DES CHIFFRES

$$\frac{(\text{loyers nets} - \text{dépenses d'exploitation}) + \text{plus-value}}{\text{prix d'achat relatif aux logements locatif}} = \text{taux de rendement relatif aux logements locatifs}$$

$$\frac{11\,826\,\$ - 6\,504\,\$ + 6\,760\,\$}{169\,000\,\$} = 7,1\,\%$$

Le taux de rendement sur les logements locatifs passe à 7,1 % en tenant compte d'une plus-value potentielle de 4 % l'an.

Simplement en changeant de méthode de calcul, le plex devient plus intéressant, bien que l'on atteigne pas le rendement désiré de 8 % par année. En fait, selon cette méthode, vous obtiendrez le rendement désiré de 8 % sur les logements locatifs de votre plex en payant l'immeuble 313 050 $, soit 180 000 $ pour la partie personnelle et 133 050 $ pour les parties locatives.

Calcul du prix d'achat relatif aux logements locatifs :

DES CHIFFRES

$$\frac{\text{(loyers nets – dépenses d'exploitation)}}{\text{(taux de rendement – plus-value)}} = \text{prix d'achat relatif aux logements locatifs}$$

$$\frac{(11\ 826\ \$ - 6\ 504\ \$)}{(8\ \% - 4\ \%)} = 133\ 050\ \$$$

Au prix demandé par le vendeur, soit 349 000 $, qu'est-ce que vous rapporte le montant additionnel que vous devrez investir pour vos logements offerts en location ? Le calcul du rendement sur la mise de fonds applicable à la partie locative du plex fournit la réponse.

Calcul du rendement sur la mise de fonds :

Loyers nets – dépenses d'exploitation – versements hypothécaires + capital remboursé + plus-value ÷ mise de fonds = rendement sur la mise de fonds

DES CHIFFRES

$$\frac{11\ 826\ \$ - 6\ 504\ \$ - 10\ 837\ \$ + 2\ 540\ \$ + 6\ 760\ \$}{28\ 800\ \$} = 13,1\ \%$$

Ce rendement annuel de 13,1 % avant impôt est-il suffisant pour un propriétaire-occupant ? La deuxième méthode de calcul permet justement de voir comment ce rendement de 13,1 % se traduit concrètement sur le montant à payer chaque mois pour ce plex.

LA MÉTHODE DU LOYER FICTIF

Généralement, le propriétaire-occupant d'un plex a choisi ce type de propriété dans le but de réduire ses dépenses pour se loger. Pour déterminer si c'est le cas, il doit attribuer un loyer réaliste au logement qu'il occupe dans son plex.

Dans notre exemple du triplex de Laval-des-Rapides, le logement principal mérite un loyer de 1000 $ par mois (voir chapitre précédent). Ce logement reviendra-t-il moins cher ou plus cher que 1000 $ compte tenu du revenu de location tiré des deux autres logements et du prix payé pour le triplex ?

Si les logements locatifs coûtent plus cher qu'ils ne rapportent, votre logement vous coûtera plus cher que 1000 $. Si, au contraire, les logements locatifs coûtent moins cher qu'ils ne rapportent, alors là – bravo ! – votre logement vous coûtera moins cher que 1000 $.

Pour savoir combien rapportent les logements locatifs, il faut considérer les loyers, les dépenses d'exploitation, les versements hypothécaires et la plus-value potentielle de l'immeuble. Selon cette méthode de calcul, il est avantageux d'acquérir le plex de Laval-des-Rapides, même au prix demandé. Un rappel des données est présenté à la page suivante.

D'après les chiffres fournis dans le tableau de la page 122, le logement principal coûterait à son propriétaire-occupant 315 $ de moins par mois que s'il était locataire ou que s'il habitait une maison unifamiliale de 180 000 $. De ce point de vue, il peut être avantageux d'acheter ce triplex à 349 000 $. Cependant, des précisions s'imposent.

DES CHIFFRES

Prix moyen des maisons unifamiliales dans le secteur : . . . . .180 000 $

Prix demandé pour le triplex : . . . . .349 000 $

Valeur accordée à la part du propriétaire-occupant : . . . . .180 000 $

Valeur accordée aux logements locatifs : . . . . .169 000 $

$$\frac{\% \text{ de la valeur des logements locatifs}}{\text{valeur de l'ensemble de l'immeuble}} : 48\%$$

$$\frac{[169\,000\,\$ \text{ (logements locatifs)} \times 100}{349\,000\,\$ \text{ (prix demandé)}]}$$

Revenus

Loyers mensuels (455 $ et 541 $ avec ajustement de 2 %) = ...1 016 $

Loyers annuels (1 016 $ X 12) = ...12 192 $

(-) Provisions pour mauvaises créances et inoccupation = ...366 $

Loyers nets = ...11 826 $

Dépenses

Dépenses annuelles d'exploitation des logements locatifs = ...6 504 $

(50 % de 13 008 $ [dépenses d'exploitation
de l'immeuble au complet])

Revenus nets annuels = ...5 322 $

(loyers nets – dépenses annuelles d'exploitation
des logements locatifs)

Financement

Mise de fonds = ...60 000 $

Mise de fonds applicable aux logements locatifs = ...28 800 $

(48 % [valeur relative de la partie locative] de 60 000 $)

Prêt hypothécaire applicable aux logements locatifs = ...141 148 $

(6 % sur 25 ans, incluant l'assurance prêt)

Versement hypothécaire sur les logements locatifs = . . .10 837 $ par année

(904 $ par mois X 12)

Remboursement de capital après un an = ...2 540 $

Intérêts sur le prêt . . . . .8 297 $

Plus-value annuelle (4 % de 169 000 $) = ...6 760 $ après un an

Encaisse (revenus nets annuels – versements hypothécaires) + capital remboursé =

5 322 $ – 10 837 $ + 2 540 $ = ...– 2 975 $

Variation de la valeur nette des logements locatifs
(encaisse + remboursement de capital + plus-value) :

– 2 975 $ + 6 760 $ = ...3 785 $ par an ou 315 $ par mois

Cette réduction de 315 $ par mois est théorique. Elle est conditionnelle à ce que le triplex prenne de la valeur au rythme de 4 % par année, ce qui est réaliste mais nullement garanti.

En conséquence, si vous achetez ce triplex et en occupez le logement principal, ce « gain » de 315 $ par mois, vous ne le verrez qu'à la revente de l'immeuble. En attendant, vous devrez sortir de vos poches 1 460 $ par mois plutôt que 1000 $, un débours considérable. Il faut que vos autres revenus, notamment vos revenus d'emploi, vous permettent d'absorber ce déficit de trésorerie de 460 $ par mois (encaisse ÷ 12 mois), ce qui n'est pas donné à tout le monde. À court terme, cela signifie qu'il vous faudra plus d'argent pour être propriétaire d'un plex que pour posséder d'une maison unifamiliale, mais à long terme, vous vous enrichirez davantage.

Parlant de marge de manœuvre, les calculs sont effectués en fonction d'un financement hypothécaire à 6 %. Si les taux d'intérêt devaient augmenter, le gain de 315 $ par mois disparaîtrait rapidement. Idem en cas de hausse d'impôt foncier, des assurances et de l'électricité. Par contre, si vous réussissez à augmenter vos loyers plus rapidement que vos dépenses (vous verrez comment dans un prochain chapitre), votre gain sera supérieur à 315 $ par mois.

Sans entrer dans le détail puisqu'il en sera question au chapitre 14 sur la fiscalité, dans ce cas précis, disons que le déficit de trésorerie à financer sera légèrement moindre que les 460 $ par mois, après impôt. Les pertes locatives donnent en effet droit à une déduction fiscale. Dans le cas qui nous occupe, la perte locative (loyers nets, moins les dépenses d'exploitation, moins les intérêts sur le prêt) s'élève à 2 975 $ la première année. À un taux marginal d'imposition de 48 %, la réduction d'impôt sera de 1428 $ par année ou 119 $ par mois.

L'autre côté de la médaille, c'est qu'à la revente de l'immeuble, le fisc vous imposera sur la moitié de la plus-value que vous aurez alors réalisée sur la partie locative de votre plex.

Le propriétaire-occupant d'un plex souhaite que ses logements offerts en location se paient tout seuls, c'est-à-dire que les loyers couvrent à la fois les dépenses d'exploitation et les versements hypothécaires. Malheureusement, dans la réalité des années 2000, à peu près aucun plex sur le marché ne se vend à un prix permettant cette rentabilité instantanée. Il est toutefois possible pour un propriétaire-occupant de dénicher un plex dont les revenus de location payent au moins les dépenses d'exploitation et les frais d'intérêts relatifs à la partie locative de l'immeuble. Si j'avais à acheter dans le contexte actuel, c'est un critère d'investissement que je m'imposerais.

Dans la réalité, le triplex de Laval-des-Rapides a été vendu 341 000 $ en mars 2007. On souhaite à son acquéreur qu'il en soit propriétaire-occupant…

Question quiz : au prix payé de 341 000 $, quel est le rendement espéré sur les parties locatives ? La réponse à la fin du chapitre.

LA CONCLUSION À TIRER

Il est encore intéressant pour un propriétaire-occupant d'acquérir un plex en 2007 dans une perspective à long terme, malgré l'inflation qu'a connue le prix des petits logements locatifs au cours des dernières années. Cependant, ce produit est de moins en moins accessible pour le propriétaire-occupant qui devra chaque mois payer plus cher pour son logement que le propriétaire d'une maison unifamiliale, même en tenant compte des revenus de location. C'est du moins le cas les premières années.

Raison de plus pour négocier serré le prix d'achat et surtout pour faire une bonne vérification préalable avant d'acheter, histoire de minimiser les risques de mauvaises surprises.

Réponse au quiz :

DES CHIFFRES

Prix de vente : 341 000 $

Prix de vente des parties locatives : 341 000 $ – 180 000 $ = 161 000 $

Calcul du taux de rendement :

$$\frac{\text{(loyers nets – dépenses d'exploitation) + plus-value}}{\text{prix d'achat relatif aux logements locatif}} = \text{taux de rendement relatif aux logements locatifs}$$

$$\frac{11\,826\,\$ - 6\,504\,\$ + 6\,440\,\$}{161\,000\,\$} = 7,3\,\%$$

Chapitre 9

Quoi vérifier avant d'acheter ?

Vous avez terminé vos devoirs, croyez-vous. Vous avez trouvé un plex rentable, bien situé, à proximité de chez vous, dans un quartier en expansion. Parfait, le *fun* commence : il est temps de déposer une offre d'achat et d'entamer les négos. Vos talents de diplomate ou de conciliateur seront mis à l'épreuve. Et que les deux parties gagnent !

L'OFFRE D'ACHAT

Pour les immeubles de moins de cinq logements, le processus est sensiblement le même qu'à l'achat d'une maison. Pour les plus gros, la marche à suivre n'est guère différente, bien que je vous suggère de vous faire conseiller par un agent immobilier spécialisé dans les immeubles locatifs. Vous pouvez trouver leurs coordonnées dans Internet ou appeler le bureau d'un courtier près de chez vous.

Vous pouvez remplir vous-même votre offre d'achat, vous faire représenter par un agent immobilier ou encore vous en remettre à un notaire qui, moyennant des honoraires, rédigera un document dans les règles de l'art. Au besoin, utilisez le modèle type d'offre d'achat de l'Association des courtiers et agents immobiliers du Québec ou téléchargez gratuitement celui proposé dans le site www.duproprio.com, onglet « Trouver une propriété ».

Comme pour toute transaction immobilière, votre offre d'achat devra stipuler le prix d'achat et le mode de paiement, les caractéristiques du financement, les conditions rattachées à l'offre, les obligations respectives de l'acheteur et du vendeur, les inclusions et les exclusions, la date de prise de possession, etc. Parce qu'elle lie les parties, l'offre d'achat ne doit pas être signée à la légère.

Pour tout savoir sur l'offre d'achat, consultez le site Internet de la SCHL (www.cmhc-schl.gc.ca), aux pages portant sur l'achat d'une maison étape par étape. L'offre d'achat est décrite à la 7e étape.

Les éléments de l'offre d'achat ne seront pas repris ici ; nous nous attardons cependant aux principales conditions que vous joindrez à l'offre.

Les conditions de l'offre

L'offre peut être conditionnelle au financement, à une visite satisfaisante des lieux, à une inspection ne révélant aucun problème majeur, etc. Voyons les principales conditions.

• L'obtention du financement

Très importante, cette condition permet de soumettre l'offre pour autant que vous obteniez le financement hypothécaire nécessaire à l'achat. En cas de refus par un établissement financier, votre promesse d'acquérir l'immeuble tombe automatiquement.

En ce qui concerne le financement, il est sage d'obtenir un prêt hypothé-caire préautorisé avant de magasiner les propriétés. Vous vous épargnerez un temps fou et bien des déceptions.

• La visite des logements

Indiquez par écrit que votre offre est conditionnelle à une visite en bonne et due forme des logements et que ceux-ci doivent correspondre à la description qui vous en a été faite. Il est souvent difficile de visiter les logements avant qu'une offre soit acceptée, le vendeur ne voulant pas indisposer ses locataires par des visites multiples. Il ne faut quand même pas oublier de les visiter avant la signature du contrat de vente. Vous croyez acheter un immeuble divisé en trois logements de trois chambres à coucher ? Si, une fois sur place, vous ne voyez que deux appartements comptant une seule cham-bre, vous êtes en droit de révoquer votre promesse d'achat.

Cas plus fréquent, l'inscription de l'immeuble à vendre stipule que tous les logements sont occupés, mais une fois sur place, vous constatez que les deux tiers de la bâtisse sont vides. Vous devez pouvoir retirer votre offre ou, à tout le moins, abaisser votre prix d'achat, surtout si les logements inoccupés abondent dans le quartier où se trouve l'immeuble.

Les visites ont du bon. Par exemple, en rencontrant vos futurs locataires, vous verrez l'état des logements. Vous poserez aux locataires des questions sur leur satisfaction à l'égard du logement, du chauffage, des voisins, du quartier, etc. Ce sont des renseignements très utiles.

• L'inspection des lieux par un expert

Vous pouvez faire appel à un ingénieur, à un technologue en bâtiment ou à un architecte, qui vous fera rapport de l'état de la toiture, des fenêtres, des fondations et des autres éléments structuraux, de même que de la plomberie, du système électrique et du système de chauffage (à ce sujet, revoir au besoin le chapitre 1).

Vous choisirez cet expert après avoir consulté vos contacts. Sinon, vous pouvez vous adresser à une association ou à un ordre professionnel. Au Québec, l'Association des inspecteurs en bâtiments du Québec (AIBQ) existe depuis 1990 et regroupe quelque 150 membres. Généralement, l'adhésion d'un inspecteur à un ordre ou à une association implique qu'il dispose d'une assurance responsabilité en cas d'erreurs, de fautes ou d'omissions de sa part. Informez-vous et demandez à votre inspecteur de voir son certificat d'assurance avant de le mandater.

• L'obtention d'une assurance habitation

Le vendeur peut s'opposer à ce que vous inscriviez pareille condition. Insistez. Au pire, informez-vous le plus tôt possible du coût d'une police d'assurance habitation pour l'immeuble que vous convoitez. Si votre immeuble a plus de 20 ans et n'a pas fait l'objet de rénovations majeures, ce ne sera pas de la tarte. Certains assureurs se montreront réticents à l'assurer, à un prix raisonnable en tout cas.

L'âge et l'état du système de chauffage, du réservoir, de la cheminée, du foyer, de la boîte électrique, des balcons et terrasses, de la toiture, des portes et fenêtres, etc., influeront sur la prime de votre police et l'étendue de la protection accordée. Dans certains cas, les assureurs refuseront de vous accorder la valeur à neuf. Dans d'autres cas, ils refuseront catégoriquement de vous assurer, tantôt à cause du foyer et de la cheminée, tantôt à cause de la vieille boîte à fusibles encore en fonction.

Vu que pareille condition est inscrite dans votre offre d'achat, les réparations que votre assureur peut exiger pour assurer votre plex viendront réduire le prix qui apparaît sur votre offre d'achat.

• La vérification préalable des baux

L'analyse des baux consiste à prendre connaissance de leur durée (1 an, 2 ans, parfois plus), du loyer et des clauses spéciales s'y rattachant. Le loyer inscrit au bail doit correspondre à celui versé chaque mois par le locataire. Vous le vérifierez en regardant les reçus de dépôt du propriétaire ou en vous informant directement auprès du locataire. En cas de disparité, le prix d'achat devrait être revu.

Informez-vous des gratuités qui ont pu être accordées ou promises aux locataires. Avec le taux d'inoccupation en remontée un peu partout au Québec en 2007, les mois de loyer gratuits et autres cadeaux promotionnels pourraient effectuer un retour en force sur le marché dans un avenir rapproché. Soyez aux aguets.

Demandez à voir aussi les annexes aux baux, les lettres de reconduction des baux, les avis de retard dans le paiement du loyer et une copie des règlements de l'immeuble. Très utiles pour connaître le comportement de vos futurs locataires… Par exemple, si le règlement interdit formellement les coupoles de télé par satellite et que la façade du plex ressemble à une pizza au pepperoni, vous aurez une bonne idée de la discipline des locataires. Remarquez que la faute revient au propriétaire actuel, qui n'a pas su ou voulu faire respecter les règlements. Mais, bien sûr, cela ne sera pas votre cas.

• La vérification des états financiers et des pièces justificatives

Le but de cette vérification est d'acheter l'immeuble en toute connaissance de cause. Avant d'acheter un plex, vous devez savoir combien vous coûtera réellement son exploitation, au-delà des prétentions du vendeur. Demandez les documents suivants.

Les états financiers de l'immeuble. Il s'agit de l'énumération des revenus et des dépenses de l'immeuble dans une année. Regardez surtout si les chiffres concordent avec les prétentions du vendeur au moment des négociations.

Les relevés d'impôt foncier et les copies de factures des services publics (eau, électricité, gaz, mazout). Si des logements étaient inoccupés, vous devrez en tenir compte : un appartement vide l'hiver coûte moins cher à chauffer.

Les pièces justificatives des rénovations récentes. Il est important de s'assurer que les travaux ont été faits et payés. Des entrepreneurs et leurs sous-traitants impayés pourraient se retourner contre vous, nouveau propriétaire, et déposer une hypothèque légale de construction sur votre plex. Ils peuvent ultimement forcer la vente de la propriété pour obtenir leur dû. Méchant choc pour un nouveau proprio!

La copie de l'entente avec le concierge, s'il y a lieu. L'objectif principal est de vérifier sa description de tâches, pour la modifier au besoin. Vous pourrez aussi évaluer si son mode de rémunération (montant fixe ou réduction du loyer) vous convient.

• **La vérification d'autres aspects légaux relatifs à l'immeuble**

L'immobilier, ce n'est pas juste une question de chiffres. C'est passablement de paperasse juridique. Vous devez ouvrir l'œil pour éviter les mauvaises surprises.

L'immeuble est-il conforme au zonage municipal? Si ce n'est pas le cas, il faudra corriger la situation ou obtenir une dérogation. Les deux situations entraînent des frais.

Y a-t-il des requêtes en instance devant la Régie du logement? Si une requête de réduction de loyer est pendante, le résultat peut avoir un impact à la baisse sur les revenus de l'immeuble et vice versa. Votre prix d'achat doit en tenir compte.

L'évaluation municipale fait-elle l'objet d'une révision ou d'une contestation? Si c'est le cas, l'immeuble subira peut-être une baisse d'évaluation, ce qui se traduira par une baisse heureuse de l'impôt foncier.

Quelles sont les hypothèques qui grèvent l'immeuble? Une consultation en ligne du registre foncier du Québec (www.registrefoncier.gouv.qc.ca) vous donnera la réponse pour quelques dollars. En plus, ce registre vous révèle le prix payé par le vendeur.

Dans un marché de vendeurs comme celui qui a cours ces années-ci, l'acheteur court un risque à assortir trop de conditions à son offre d'achat. Le vendeur sera tenté de la refuser sans négocier parce qu'il préférera une offre concurrente plus basse mais inconditionnelle. À vous de juger de l'importance d'insérer des conditions au contrat, selon votre degré de tolérance au risque.

Chapitre 10

Séduire son banquier

Voici venu le temps de passer go et d'aller réclamer vos dollars… à votre banquier.

Le financement d'un plex comporte des particularités par rapport à l'achat d'une maison unifamiliale. De façon générale, les conditions relatives à un prêt hypothécaire varient selon la taille de l'immeuble et le statut de l'emprunteur, qui est soit propriétaire-occupant, soit investisseur.

Plusieurs prêteurs accordent un prêt hypothécaire personnel pour les immeubles de quatre logements et moins. Certains le font aussi pour des immeubles comptant jusqu'à six logements. Au-delà de six logements, l'investissement est considéré comme commercial.

LE FINANCEMENT SELON LA TAILLE DE L'IMMEUBLE ET LE STATUT DE L'ACHETEUR

Naturellement, chaque institution financière a ses critères. Ceux décrits ici étaient généralement suivis à l'hiver 2007 par la Société canadienne d'hypothèques et de logement (SCHL), une société de la Couronne qui agit à titre d'assureur prêt.

Sachez que le monde du prêt immobilier vit actuellement une véritable révolution avec l'éclosion d'une demi-douzaine de prêteurs non conventionnels qui offrent une souplesse dans le financement qu'on n'aurait jamais crue possible il y a à peine deux ans. Prêt amorti sur plus de 25 ans, prêt à des travailleurs autonomes sans garantie de revenu, deuxième chance au crédit, prêt aux immigrants sans historique de crédit...

Autre exemple : à la fin d'avril 2007, le seuil de la mise de fonds en dessous duquel une assurance prêt devient obligatoire est passé de 25 % à 20 % du prix d'achat pour le propriétaire-occupant d'un immeuble comptant jusqu'à 4 logements. L'ancien ratio de 25 % était en vigueur depuis 40 ans. Bref, le crédit n'a jamais été aussi accessible. Restez à l'affût, d'autres changements sont à prévoir.

Un duplex ou un triplex acheté par un propriétaire-occupant

Les conditions rattachées au prêt hypothécaire consenti à un propriétaire-occupant pour l'achat d'un duplex ressemblent pour l'essentiel à celles d'un prêt consenti à l'acheteur d'une maison unifamiliale. Le prêteur considère la valeur marchande de la propriété, le revenu de l'acheteur, de même que la qualité de son dossier de crédit. Il offre aussi une grande souplesse quant à la mise de fonds. Ainsi, un propriétaire-occupant peut acheter un duplex avec 0 % de mise de fonds en se procurant une assurance prêt.

Eh oui, on peut acheter un duplex sans verser d'argent comptant! Il faut alors avoir recours au programme avec mise de fonds multisource de la SCHL. En contrepartie d'une prime d'assurance plus élevée – 2,90 % de la valeur du prêt comparativement à 2,75 % avec une mise de fonds traditionnelle de 5 % –, ce programme élargit l'éventail des sources de fonds admissibles à la constitution de la mise de fonds.

En vertu du programme multisource, les sommes amassées au moyen d'un emprunt (prêt personnel) deviennent admissibles. Les populaires remises en argent qu'accorde le prêteur entrent aussi dans le calcul. Revers de la médaille : une mise de fonds minime se traduit par des versements hypothécaires très élevés.

La SCHL offre aussi d'acheter un duplex avec zéro comptant par l'entremise du produit Flex 100. Dans ce cas, la prime atteint 3,10 % du montant emprunté.

Des particularités s'appliquent au calcul de la capacité de l'emprunteur à rembourser l'hypothèque. Bien entendu, le prêteur calcule toujours les fameux rapports ABD et ATD :

- Le rapport d'amortissement brut de la dette (ABD = [capital + intérêts + taxes + chauffage] ÷ revenu annuel brut du ménage) devra être égal ou inférieur à 35 %.

- Le rapport d'amortissement total de la dette (ATD = [capital + intérêts + autres dettes] ÷ revenu annuel brut du ménage) devra être égal ou inférieur à 42 %.

Pour faire ces calculs, le prêteur ajoutera au revenu annuel brut du ménage l'équivalent de 80 % du loyer annuel perçu sur le deuxième logement, le logement principal étant celui du propriétaire-occupant.

Il y a peu de temps, la SCHL a relevé ses ratios d'endettement pour un propriétaire-occupant ayant une excellente cote de crédit. L'ATD peut aller jusqu'à 44 %.

Dans le cas d'un triplex, la mise de fonds minimale est de 10 % pour un prêt assuré. La prime d'assurance atteint 2 % de la valeur du prêt. La mise de fonds ne pourra cependant pas provenir de remises en argent du prêteur. Elle sera constituée de dons de parents, d'épargnes personnelles ou de retraits du REER. Le prêteur calculera l'ABD et l'ATD. Pour l'ATD, il ajoutera au revenu du ménage un maximum de 50 % du revenu locatif des logements loués à des tiers.

À noter aussi que les assureurs prêts n'exigent plus de frais de dossier aux propriétaires-occupants.

Un plex acheté par un investisseur

Dans le cas d'un plex acheté par un investisseur, les exigences du prêteur sont accrues. La mise de fonds minimale passe à 15 % avec un prêt assuré. La prime d'assurance est salée : 4,5 % de la valeur du prêt. Des droits s'appliquent, généralement de 600 $ par dossier.

Le prêteur analysera le dossier en fonction de la rentabilité de l'immeuble, et non plus seulement en examinant sa valeur marchande. Les loyers devront suffire à payer les dépenses d'exploitation de l'immeuble et couvrir 110 % du versement hypothécaire, ce que l'industrie appelle le coefficient de couverture de la dette.

Le prêteur normalisera au besoin les dépenses de l'immeuble. À titre d'exemple, il calculera d'emblée une provision pour inoccupation et mauvaises créances ainsi que des frais de gestion exprimés en pourcentage du revenu total, souvent 3 %. Un montant est également prévu pour l'entretien et les réparations.

Autre condition à respecter : l'emprunteur doit jouir d'un actif net équivalant à 25 % de la valeur du prêt ou d'un minimum de 100 000 $. Comprenez-moi bien : cet actif net de 100 000 $ peut être composé de REER ou de la résidence principale, pas seulement d'argent comptant. Le prêteur veut ainsi s'assurer que l'emprunteur est capable d'accumuler des éléments d'actif.

Les immeubles de 6 logements et plus

L'investissement est souvent considéré comme commercial quand il s'agit d'immeubles de six logements ou plus. Les promotions du genre « rabais de taux » ou « remise en argent » disparaissent.

Autre particularité : pour ces immeubles, la mise de fonds sera supérieure à 25 % du prix d'achat. Pourquoi ? Parce que dans un marché où les prix galopent alors que les loyers avancent en marchette, le prix demandé excède bien souvent la valeur de l'immeuble basée sur les loyers en vigueur. C'est ça, l'effervescence immobilière !

Pour les immeubles de six logements ou plus, le coefficient de couverture de la dette augmente à 120 %. Cela signifie que les revenus nets doivent être 1,2 fois supérieurs aux paiements hypothécaires (intérêts et capital). Ce ratio peut varier d'un prêteur à l'autre.

Ce n'est pas tout. Le banquier verra d'un bon œil que vous possédiez une expérience en gestion. Vous avez suivi des cours du soir en administration ? Parfait. Vous siégiez comme administrateur au conseil d'établissement d'une école ou au sein d'un groupe communautaire ? Splendide ! Vous avez déjà été en affaires ? Encore mieux.

L'ANALYSE DES OPTIONS

Pour tous les types de plex et d'immeubles locatifs, le banquier regardera votre dossier de crédit. Généralement, vous devez avoir une cote Beacon supérieure à 600 points pour qu'on accepte de vous avancer de l'argent.

Une cote Beacon, qu'est-ce que ça mange en hiver? C'est la cote de solvabilité qu'un bureau de crédit comme Equifax est en mesure d'attribuer. Cette cote exprimée en trois chiffres démontre la solvabilité (mauvaise, faible, bonne, excellente) d'une personne. Elle varie entre 300 et 900. Plus la cote est élevée, meilleur est votre dossier de crédit. Ce sont les paiements en retard qui font chuter le plus dramatiquement la cote Beacon, suivis de l'utilisation du crédit.

Quel que soit l'immeuble que vous convoitez (duplex, triplex, autres plex, comme propriétaire-occupant ou comme investisseur), soyez à l'affût des options de financement. La section «Les 10 conditions rattachées à l'emprunt» plus loin dans ce chapitre fait le tour des options de financement.

Par exemple, si l'immeuble fait déjà l'objet d'un emprunt hypothécaire à des conditions avantageuses et que celui-ci est transférable à l'acquéreur, vous feriez peut-être bien de l'assumer. Pour vous, acquéreur, l'avantage est d'éviter que votre dossier soit refusé au financement. L'hypothèque transférable sera sans doute insuffisante pour l'achat, mais vos liquidités, un solde de prix de vente, un prêt personnel ou une seconde hypothèque peuvent s'ajouter au montage financier. De son côté, le vendeur évite la pénalité associée au remboursement anticipé de son hypothèque. Par contre, il reste au bâton: il est responsable du prêt et devra le rembourser s'il y a défaut de paiement.

Le plus souvent, il n'y a pas d'hypothèque transférable. Vous devrez donc prendre rendez-vous avec votre banquier. Une des premières questions qu'il vous posera sera: voulez-vous un prêt à court ou à long terme? Voyons quelle est la meilleure option.

Une hypothèque à court ou à long terme ?

Dans le cas d'une maison unifamiliale, le court terme demeure le meilleur choix si on est capable de supporter le risque de voir les taux d'intérêt augmenter. Des études ont prouvé qu'un propriétaire réalise des économies substantielles en privilégiant le court terme ; en effet, le taux de cinq ans contient le coût d'une prime contre une hausse éventuelle des taux d'intérêt. Le propriétaire d'un immeuble locatif n'a pas les mêmes perspectives. Premièrement, les intérêts viennent réduire le revenu imposable. Le fisc regarde les revenus nets de location, soit une fois que sont soustraits les dépenses d'exploitation et les intérêts. Dans le cas d'une résidence familiale, les intérêts ne sont pas déductibles d'impôt. Cela revient à dire que le coût du financement en dollars après impôt est moindre dans le cas d'un plex.

Deuxièmement, il y a la question du risque. Le propriétaire d'un plex gère des risques comme tout autre investisseur ou n'importe quel homme ou femme d'affaires. Risque de location, risque d'une récession économique… le proprio en a déjà plein les bras. Il serait prudent qu'il s'immunise contre certains d'entre eux quand il le peut. C'est le cas avec le risque des taux d'intérêt.

Pour ces raisons, une hypothèque à long terme paraît nettement avantageuse, surtout que les taux pour du long terme ne sont pas élevés en 2007 si on les situe dans une perspective historique.

Tout reste une question de bon sens. Si vous comptez revendre la propriété après un an et faire un profit rapide, n'allez pas vous engager dans un terme de cinq ans. Par contre, si vous achetez un plex avec l'objectif d'en rester propriétaire longtemps, optez pour le long terme et négociez serré avec votre prêteur afin d'obtenir les meilleures conditions possibles.

Au moment de la phase cruciale des négociations, vous pouvez faire appel à un courtier hypothécaire, comme ceux de Multi-Prêts. Les courtiers sont des intermédiaires de marché rémunérés par les prêteurs. Ils établissent des relations avec plusieurs d'entre eux et sont ainsi en mesure d'obtenir une hypothèque à des coûts très concurrentiels.

Les 10 conditions rattachées à l'emprunt

Ne faites pas l'erreur de considérer uniquement le taux d'intérêt, si bas soit-il. Il faut aussi que vous vous informiez de ces 10 autres conditions rattachées à l'emprunt.

1. *La garantie de taux.* Elle vous permet de faire « geler » le taux d'intérêt jusqu'à trois mois. En période de volatilité, c'est une façon commode de vous protéger contre une hausse du taux d'intérêt entre l'obtention du prêt préétabli et la signature de l'acte de vente de la propriété.

2. *Le remboursement des frais de notaire, d'évaluation et d'ouverture de dossier à la SCHL en cas d'un prêt assuré.* En tant qu'investisseur immobilier, vous disposez d'un pouvoir de négociation dont vous devez vous servir. Essayez de vous faire rembourser certains frais par votre établissement financier. Votre banquier acceptera si vous êtes un bon client et si vous êtes le propriétaire-occupant d'un immeuble de moins de cinq logements. Dans le cas des immeubles de plus de six logements, le prêt étant considéré comme commercial, les promotions se font plus rares. Il vous revient alors de régler tous ces frais.

3. *La période d'amortissement du prêt.* Un prêt hypothécaire peut être amorti sur 15, 20 ou 25 ans. Depuis un an environ, des prêteurs hypothécaires proposent des amortissements prolongés sur 30, 35, voire 40 ans. En échange de l'allongement de cet amortissement, l'assureur prêt exigera une surprime de 0,25 point de pourcentage par tranche de 5 ans, au-delà de la première période de 25 ans. Toutes choses étant égales par ailleurs, un allongement de la période d'amortissement se

traduit par une diminution du paiement hypothécaire mensuel. Par contre, au terme la période, vous aurez versé beaucoup plus d'argent que si vous aviez opté pour un prêt amorti sur 25 ans.

4. *Le remboursement accéléré de l'hypothèque sans pénalité.* Dans le cas d'un taux d'intérêt fixe, vous ne pouvez pas rembourser l'hypothèque de façon anticipée sans encourir de pénalité. Le seuil de remboursement en deçà duquel aucune pénalité ne s'applique varie selon les prêteurs. Plus le seuil est élevé, plus vous avez de la flexibilité quant au remboursement anticipé du prêt, par exemple, en cas de revente précipitée du plex, un cas de figure fréquent à la suite d'une séparation.

5. *La majoration des versements mensuels.* Pour rester dans le même registre, précisons que plusieurs institutions financières donnent la chance au client de doubler son paiement hypothécaire mensuel sans pénalité. Cela devient une forme de remboursement anticipé. Encore là, c'est une question de flexibilité à l'avantage du client.

6. *La possibilité de réemprunter le capital pendant le terme.* Plusieurs institutions financières offrent maintenant la possibilité de réemprunter du capital de son prêt initial sans devoir passer chez le notaire. Le client peut donc réemprunter aisément la différence entre le montant du prêt au départ et le solde de l'hypothèque, sans grands soucis ni tracas. Cet avoir net ainsi libéré sert à payer de pressantes rénovations ou, mieux encore, il devient une mise de fonds pour un second plex.

7. *La possibilité de sauter un ou plusieurs paiements.* Toujours dans le registre de la flexibilité, certains prêteurs pardonnent à leurs clients en cas de difficultés temporaires. Ceux-ci sautent un ou plusieurs paiements sans en subir de préjudice au bureau de crédit. Le montant impayé s'ajoute à la dette hypothécaire. Qui peut se targuer d'être à l'abri d'une malchance ?

8. *La transférabilité de l'hypothèque.* Une hypothèque transférable suit la propriété en cas de revente. Cette caractéristique aidera le propriétaire à revendre son immeuble en cas de remontée des taux d'intérêt. L'acquéreur peut alors bénéficier d'un financement avantageux sans avoir à payer des frais de notaire, comme ce serait le cas s'il s'agissait d'une nouvelle hypothèque. De son côté, le vendeur n'a pas à « casser » son hypothèque avant terme et évite ainsi des pénalités. Gros bémol cependant : en tant que signataire de l'acte hypothécaire, le vendeur reste responsable du paiement de l'hypothèque tant que celle-ci n'est pas éteinte, même après avoir vendu l'immeuble.

9. *Les frais de renouvellement.* Les prêteurs font preuve d'une grande générosité pour gagner un nouveau client. Malheureusement, ils sont plus timorés au renouvellement du prêt hypothécaire. Informez-vous d'entrée de jeu des frais qui vous attendent au renouvellement.

10. *Les produits d'assurance vie et invalidité hypothécaires.* Les institutions prêteuses proposent une assurance vie et une assurance invalidité à la signature d'un contrat de crédit. Un conseil : lâchez le pilote automatique et faites vos devoirs afin de prendre une décision éclairée. L'assurance porte-t-elle sur un montant fixe (exemple, 200 000 $) ou sur le solde du prêt hypothécaire ? Êtes-vous admissible d'emblée à l'assurance ou est-ce que la vérification de l'admissibilité ne se fait qu'au moment de la réclamation ? Le taux de la police est-il garanti pour la durée du prêt ou est-il recalculé au renouvellement du prêt en fonction de votre âge ? Les réponses à ces questions ont une incidence sur le coût de la police et l'étendue de la protection.

Par-dessus tout, vous devez bien préciser vos besoins en matière d'hypothèque dès le départ, que ce soit au courtier ou à votre banquier, pour que l'un ou l'autre vous taille une solution sur mesure.

Bon magasinage !

Chapitre 11

Un proprio sachant choisir ses locataires sait chasser les soucis

« *Un bon locataire est un locataire qui paie.* »

— *Un sage proprio*

Cette boutade est d'autant plus vraie quand vous êtes propriétaire de petits immeubles locatifs. Avec un mauvais payeur dans votre triplex, c'est le tiers de vos revenus qui passe dans le tordeur. J'ai mal au portefeuille juste d'y penser. D'où l'extrême importance de bien choisir ses locataires. « Un propriétaire a le droit de refuser de louer son logement si le candidat a de mauvaises habitudes de paiement, est incapable de payer ou a un comportement dérangeant. » Ce n'est pas moi qui l'affirme, c'est la revue *Protégez-vous* dans son édition 2006 du *Guide du locataire*.

Il est en effet de votre responsabilité de vous renseigner sur vos locataires afin, en premier lieu, de vous assurer de leur identité, et, en deuxième lieu, de leur comportement et de leurs habitudes de paiement.

ACHETER UN PLEX… ET SES LOCATAIRES !

Un conseil d'ami : oubliez au plus vite le plex de vos rêves si vous soupçonnez que de mauvais payeurs s'y cachent. Je ne le dirai jamais assez : les mauvais payeurs sont le cauchemar du propriétaire, et au premier chef du proprio d'un petit plex. Au contraire, savoir choisir ses locataires est la clé qui ouvre la voie vers une expérience immobilière agréable.

Évidemment, quand on achète un plex, on n'a pas le choix des locataires, mais on doit s'assurer qu'ils sont bons. Comment savoir ?

D'abord, à l'étape de la vérification préalable (voir chapitre 9), consultez les dossiers des locataires tenus à jour par le vendeur. Vous saurez depuis combien de temps ils habitent le logement ; si cela fait plus de deux ans, c'est bon signe. Des locataires fidèles ont généralement de bonnes habitudes de paiement.

Si le vendeur tient bien ses livres, vous aurez accès aux autres renseignements concernant chaque signataire de bail : dossier de crédit, coordonnées de l'employeur ou numéro d'assurance sociale. Vous apprendrez si le propriétaire a déjà eu des causes devant la Régie du logement pour loyers impayés ou pour d'autres raisons.

En l'absence de tels renseignements, muni des noms des locataires et du proprio, vous irez consulter les registres de la Régie du logement pour savoir s'ils s'y sont déjà rendus et pourquoi. L'adresse des bureaux de la Régie partout au Québec est affichée dans le site Internet, www.rdl.gouv.qc.ca.

Ensuite, demandez au vendeur la liste des avis des loyers payés en retard des deux dernières années. Si le vendeur prétend n'avoir jamais subi de retards, c'est louche. Restez sur vos gardes.

Vous avez exigé de visiter chacun des logements pour en constater l'état et la salubrité. Une fois sur place, profitez-en donc pour questionner les occupants afin de les cerner et de mieux connaître votre propriété. Voici des questions pertinentes à leur poser.

• *Depuis combien de temps habitez-vous ici ?*

Permet de jauger leur stabilité. Les mauvais payeurs chroniques sont plutôt nomades.

• *Y a-t-il des réparations à faire ?*

Donne une idée des travaux urgents à faire.

• *Combien payez-vous par mois ?*

Permet de valider l'information que vous a donnée le vendeur.

• *Qu'est-ce que vous aimez ici ?*

Donne une idée des avantages de l'immeuble.

• *Combien de personnes vivent dans ce logement ?*

Si on vous répond huit personnes et que l'appart n'a que quatre pièces, il se pourrait que ce soit bruyant et que les voisins soient mécontents.

• *Avez-vous l'intention de renouveler votre bail le printemps prochain ?*

Si tous les locataires décampent à l'été, une renégociation à la baisse du prix d'achat s'impose parce que le risque n'est plus le même.

• *Entendez-vous les voisins ?*

Permet de savoir si des locataires font du tapage. Donne aussi une idée de la qualité de l'insonorisation de l'immeuble.

La consultation des dossiers des locataires, une visite au bureau de la Régie du logement, une rencontre avec les locataires, trois gestes qui, à défaut de vous prémunir à 100 % contre les mauvaises surprises, vous donneront quand même un bon aperçu du comportement des locataires en place dans votre futur premier plex.

RECRUTER LES PERLES RARES

Une fois devenu le nouveau maître des lieux, vous aurez à vous présenter à vos nouveaux clients, c'est-à-dire vos locataires. Rappelez-vous la règle de base : un bon locataire est un locataire qui paie. En prime, il ne fait pas de bruit et garde son logement nickel. Et, rêvons un instant, ce locataire ne vous demande jamais rien.

Le printemps arrive, et vous avez un logement qui se libère en juillet. Vous publiez une petite annonce dans le journal, et votre cellulaire se met à chanter. Comment faites-vous pour repérer les bons locataires et rejeter les emmerdeurs ?

Questions à poser avant le premier rendez-vous

Au téléphone, tentez d'en connaître le plus possible sur ce candidat à la location, en sachant respecter les convenances. Les questions suivantes sont utiles.

• *Que cherchez-vous au juste ?*

> Permet de savoir si le logement qu'il cherche correspond au vôtre et d'apprécier le sérieux de sa démarche.

• *Combien êtes-vous ?*

> Donne une idée du nombre d'adultes qui pourraient être signataires du bail. En cas de gros pépins, vous pourriez récupérer votre argent en talonnant le signataire qui a le plus de moyens.

- *Avez-vous besoin d'un stationnement ?*

  Si la personne n'a pas de voiture, vous pourriez louer la place de stationnement à un tiers.

- *Où habitez-vous actuellement ? Pourquoi déménagez-vous ?*

  Permet de connaître les motivations du candidat.

  « J'ai obtenu un nouvel emploi dans le secteur.

  — Ah oui ? Où donc ? »

  Permet de connaître son emploi et son employeur. Explique son arrivée dans le quartier.

- *Combien payez-vous actuellement ? Ici, le loyer est de 800 $ par mois.*

  Sa réponse vous donne une idée de la capacité de payer du candidat.

  Souvent, il en profitera pour parler de son emploi.

Vous pouvez estimer le revenu dont votre locataire a besoin pour vous payer en divisant le loyer par 0,30, soit le ratio maximal du revenu mensuel à consacrer au logement. Par exemple, si votre loyer, chauffage compris, est de 800 $ par mois, le locataire devrait pouvoir compter sur un revenu minimal de 32 000 $ par année, soit (800 $ ÷ 0,30) X 12 = 32 000 $. Plus vous en savez sur le candidat, moins vous risquez de vous déplacer pour rien au moment de la visite du logement. Au surplus, plus vous en savez sur lui, plus vous aurez d'arguments pour le convaincre... ou pour le décourager de louer le logement si sa tête ne vous revient pas.

Attention cependant : la discrimination est interdite en matière de logement, en vertu de la Charte des droits et libertés de la personne. Vous ne pouvez pas refuser de louer un logement à une personne parce qu'elle est issue d'une minorité visible, parce qu'elle est chef d'une famille monoparentale ou parce qu'elle fréquente le cégep. Les seuls motifs que vous pouvez avancer pour refuser une location à un candidat sont ses mauvaises habitudes de paiement, son incapacité de payer et son comportement dérangeant.

Par contre, si vous avez le choix entre une sage retraitée vivant seule et une famille comptant quatre enfants en bas âge et deux chiens, vous pouvez choisir la retraitée en tout respect de la Charte. **Rien ne peut vous forcer à louer un logement à une personne en particulier.** Cependant, vous n'avez pas le droit de justifier votre refus en disant que vous ne louez pas aux familles comptant de jeunes enfants. Ça, c'est discriminatoire.

Ce qui ne l'est pas du tout, c'est d'insister sur le fait – si vous éprouvez le besoin de justifier votre décision – que, compte tenu de l'insonorisation des logements, la présence de six personnes dans l'unité du haut dérangerait probablement la locataire du rez-de-chaussée dans sa jouissance paisible des lieux.

En ce qui concerne les questions de discrimination en matière de logement, la Régie du logement n'a pas juridiction. Cette compétence relève de la Commission des droits de la personne et des droits de la jeunesse.

Un premier tête-à-tête

Cette mise au point faite, revenons à notre candidat à la location. S'il paraît intéressé (et vous aussi), notez son nom et son numéro de téléphone, et fixez-lui un rendez-vous au logement. N'oubliez pas d'avertir votre locataire que son appartement sera visité. Durant la visite des lieux, profitez-en pour compléter la prise de renseignements personnels. Ces données seront colligées dans un formulaire d'offre de location que vous aurez préparé vous-même ou que vous aurez récupéré auprès d'une association de proprios qui offre des modèles types (voir les coordonnées de ces associations au chapitre 16, sous « Les meilleurs amis du proprio »).

Appelé aussi formulaire de demande de location, à remplir avant la signature du bail, ce formulaire vous donne l'information nécessaire pour vous permettre ensuite de vérifier l'identité du candidat, son comportement et ses bonnes habitudes de paiement. Notez que la Régie du logement n'a pas juridiction dans les offres de location. Vous avez donc une certaine latitude en ce domaine. En cas de doute, consultez un avocat ou les conseillers juridiques d'un regroupement de propriétaires.

Que retrouve-t-on dans ce formulaire?

- L'identification du logement: adresse, nombre de pièces, loyer, durée du bail, date de début, date de fin et conditions supplémentaires (stationnement, électroménagers en location, etc.).

- L'identification du propriétaire: nom et numéro de téléphone.

- L'identification du candidat: nom, adresse actuelle, adresse antérieure, date de naissance, numéro d'assurance sociale, coordonnées de l'employeur, revenu actuel, employeur précédent, salaire d'alors, coordonnées de son ancien propriétaire, loyer payé précédemment, références personnelles (nom, adresse, téléphone, lien), personnes avec qui communiquer en cas d'urgence.

- Une formule de consentement: le candidat autorise le proprio ou son représentant (par exemple, une association de proprios) à procéder à une enquête de crédit à son sujet.

- Une formule d'engagement: le candidat s'engage à signer un bail dans les cinq jours suivant l'acceptation de son offre de location par le propriétaire.

- La signature de l'offre.

- La date de l'offre.

Le locataire peut refuser de dévoiler certains renseignements. Si c'est le cas, vous n'êtes pas obligé de lui louer un logement, mais évitez de justifier votre refus en invoquant cette raison. Il pourrait porter plainte contre vous à la Commission d'accès à l'information du Québec pour atteinte à sa vie privée.

Après la visite du candidat, communiquez avec le propriétaire de l'appartement où il vit. Demandez-lui si son locataire paie bien, s'il respecte les règlements, s'il fait du bruit, s'il s'est déjà plaint à la Régie et quelles sont, selon lui, les raisons de son départ.

L'étude de crédit

Ces renseignements que vous aurez colligés dans le formulaire vous seront utiles pour faire faire une étude de crédit ou ce que Paul Théorêt, l'auteur du *Guide du propriétaire d'immeubles à revenus*, appelle une investigation immobilière.

Pour ce qui est du dossier de crédit, les associations de proprios peuvent le vérifier pour vous, moyennant des frais minimes. Cela ne vaut pas la peine de s'en passer. La société Equifax offre aussi ce service à ses membres.

Cela dit, sachez que la consultation de son propre dossier de crédit est gratuite. Un candidat à la location d'un de vos logements pourrait vous remettre le sien et ainsi vous démontrer son sérieux.

L'investigation immobilière va plus loin que le simple dossier de crédit en vérifiant l'identité, les références, la date de naissance, le numéro d'assurance sociale, le nombre de chèques sans provision, le ratio d'endettement et la source de revenu (communiquer avec le Service d'investigation en location immobilière Accès-Plus au 1 888 847-2424).

LES RÈGLEMENTS DE L'IMMEUBLE : UN MUST

À l'étape de l'offre de location, vous remettrez au candidat les règlements de l'immeuble pour qu'il sache à quoi s'en tenir. Les règlements seront annexés au bail, à sa signature.

Les règlements dictent les usages permis et les interdictions dans votre immeuble. Ils facilitent le bon voisinage en prévenant les conflits. Vous devez les dater et les faire signer par le locataire. Généralement, les règlements concernent les éléments suivants.

- *Les antennes paraboliques.* Oui, vous pouvez très bien réglementer la présence d'antenne : « Aucune antenne parabolique ne pourra être placée sur la façade de l'immeuble. » Ou encore : « Une antenne parabolique ne pourra être installée sans la présence du propriétaire. » Ou encore : « Aucune antenne parabolique ne peut être installée sur l'immeuble. »

- *Les objets dans les espaces communs.* « Le locataire ne peut laisser quoi que ce soit dans le vestibule commun : chaussures, bottes, bac à recyclage, sac à ordures, etc. »

- *La gestion des ordures et des matières recyclables.* « Le locataire est tenu de sortir sacs à ordures et bac de recyclage à l'extérieur le matin de l'enlèvement. En dehors de cette période, il doit les garder à l'intérieur de son logement ou sur le balcon. »

- *L'utilisation du balcon et des barbecues.* Ah ! quelle joie de se faire un bon barbecue les vendredis soir d'été, mais quelle peste pour les voisins qui se font enfumer ! Sans parler des risques d'incendie. « Aucun barbecue ni aucune cuisson ne sont autorisés sur les balcons. » Bon, peut-être avez-vous une autre opinion...

- *Les animaux domestiques.* Un « p'tit chien-chien », c'est gentil quand ça ne jappe pas. Sauf qu'ils jappent tous. « Les animaux domestiques sont interdits dans l'immeuble. »

Autre raison pour les interdire : les animaux griffés vous ruinent un plancher de bois franc le temps de dire « poil aux dents ».

- *Les logements pour non-fumeurs.* Dans la pratique, vous avez le droit d'interdire l'usage du tabac dans vos logements, du moment que c'est inscrit dans le bail ou dans ses annexes.

- *La couleur des murs.* Blanc, blanc, blanc. Si vous autorisez la couleur, ajoutez : « Remise au blanc au départ du locataire à ses frais. »

- *Le stationnement.* « Toute réparation automobile est interdite dans le stationnement. Les véhicules qui fuient (huile, essence ou autre) ne peuvent être laissés dans le stationnement. »

- *Le déneigement.* « Les locataires sont responsables de déneiger l'escalier menant à leur logement. Le propriétaire ne peut être tenu responsable en cas de chute ou de blessure. »

- *L'autorisation préalable à toute réparation ou modification du logement.* « Tous les travaux entrepris dans le logement nécessitent l'autorisation écrite préalable du propriétaire. »

- *L'assurance locataire.* « Le locataire devra se munir d'une assurance pour locataire-occupant. »

- *Les prises téléphoniques.* « Le branchement et le débranchement de la ligne téléphonique, de même que les réparations de prises téléphoniques sont aux frais du locataire. L'ajout ou le déplacement de prises nécessitent l'accord préalable écrit du propriétaire. »

- *La nourriture aux animaux sauvages.* « Il est interdit de nourrir les animaux sauvages (écureuils, ratons laveurs, etc.) et les oiseaux. »

- *La pénalité en cas de chèque sans provision.* « Des frais de 25 $ seront payables au propriétaire en cas de chèque sans provision. » Ce coup sur les doigts découragera les récidivistes.

- *Le détecteur de fumée.* « Le détecteur de fumée doit être fonctionnel en tout temps. »

- *Le chauffage minimal (s'il est aux frais du locataire).* «Le locataire s'engage à chauffer le logement à un minimum de 13 degrés centigrades, de septembre à avril.»

- *L'étanchéité du logement (si le chauffage est aux frais du propriétaire).* «Le locataire s'engage à garder les portes et les fenêtres fermées l'hiver et à ne pas chauffer à plus de 22 degrés son logement.»

- *Les serrures.* «Les serrures ne peuvent être changées sans l'autorisation préalable écrite du propriétaire. En cas de changement de serrure, le locataire remettra une clé au propriétaire.»

Propriétaire consciencieux, vous consignerez tous les renseignements dans un dossier que vous tiendrez à jour pour chacun de vos logements. Vous prendrez soin d'y mettre une copie du bail et toute correspondance, comme les lettres de reconduction des baux et la paperasse relative à une cause devant la Régie du logement.

Pour signer le bail la tête en paix

1. Utilisez toujours le formulaire de bail de la Régie du logement. Vous pouvez vous le procurer dans tout bon dépanneur.

2. Concluez un contrat de location à part concernant le stationnement ou un espace de rangement à l'extérieur du logement. Ainsi, les augmentations de tarif ne tomberont pas sous la juridiction de la Régie du logement.

3. Énumérez ce qui vous appartient dans le logement loué, par exemple, les électroménagers.

4. Indiquez que le loyer doit être payé au domicile du propriétaire, si vous êtes propriétaire-occupant, et demandez, sans l'exiger (ce qui est interdit), des chèques postdatés.

5. Faites signer tous les locataires du même logement en les rendant conjointement et solidairement responsables du paiement du loyer.

Chapitre 12

Heureux malgré la Régie du logement

Dans la vie, le citoyen est soumis à deux désagréments inévitables : la mort et les impôts. Le *proprio quebecus* en subit un troisième : la Régie du logement du Québec.

La Régie est un tribunal spécialisé qui a juridiction sur les questions relatives au bail résidentiel. Ce tribunal fixe le loyer en cas de mésentente entre vous et votre locataire. Ce n'est pas son seul domaine d'intervention. Vous vous adresserez à la Régie pour faire « cracher » un mauvais payeur, et c'est à elle que vous demanderez la permission d'expulser un indésirable.

Vous voulez loger votre vieille mère dans un de vos logements, mais l'occupant refuse de partir ? Allez voir la Régie. Vous voulez convertir votre immeuble en copropriété (condo) ? C'est encore la Régie qui aura le dernier mot, bien que sur ce point, certaines villes interdisent la conversion de logements locatifs en condos. C'est le cas dans l'ancienne ville de Montréal.

Il se dit beaucoup de choses sur cet organisme. Dans les pages qui suivent, les mythes et les vérités, tout comme les qualités et les lacunes, seront départagés.

LES MYTHES QUI ENTOURENT L'ORGANISME

On entend souvent, à propos de la Régie du logement, qu'elle empêche les augmentations de loyer, qu'elle est systématiquement prolocataire et qu'elle décourage l'investissement immobilier.

Les régisseurs ont le dos large, mais on ne doit pas les rendre responsables de tous les maux de la terre, y compris le réchauffement de la planète ! En fait, pour les propriétaires, la Régie est bénéfique à plus d'un titre, ce qui ne l'empêche pas d'être la source de certains désagréments. Voyons de près.

1ᴱᴿ MYTHE :
le Québec est la seule province canadienne
à exercer un contrôle sur les loyers

Faux. Toutes les provinces ont, à un moment ou à un autre, eu recours au contrôle des loyers. Même l'Ontario, qui a connu le gouvernement de Mike Harris, a déjà appliqué cette mesure.

La différence, c'est que le contrôle des loyers est en vigueur au Québec depuis 55 ans, sans interruption. Ça, c'est unique. Ailleurs, les provinces régissent en cas de pénurie de logements et déréglementent quand le marché se desserre. Au Québec, les règles du jeu restent fixes. Les proprios savent donc toujours à quoi s'en tenir.

Autre conséquence, plus malheureuse celle-là pour les proprios : les loyers au Québec sont ridiculement bas. Selon les chiffres d'octobre 2006 de la Société canadienne d'hypothèques et de logement (SCHL), le loyer à Montréal pour un appartement de deux chambres atteint 636 $, soit 32 % moins cher qu'à

Ottawa et 40 % meilleur marché qu'à Toronto et à Vancouver. L'écart entre les revenus explique une partie de la différence, mais ne la justifie pas complètement. Une bonne partie de l'écart provient du contrôle des loyers.

2ᴱ MYTHE :
la Régie interdit aux propriétaires d'augmenter leurs loyers comme ils le veulent

Archi-faux. En ce qui concerne les baux de 12 mois, par exemple, un propriétaire peut augmenter le loyer de son locataire une fois par année et du montant qu'il désire : 25 $, 50 $ ou 100 $ par mois. Rien dans la loi sur la Régie ne stipule d'augmentation maximale. Il faut cependant que le locataire accepte l'augmentation. En cas de mésentente, la Régie intervient, et chaque cas est traité individuellement.

Vous êtes persuasif et convaincant avec vos locataires ? Vous avez des chances de pouvoir augmenter vos loyers tous les ans, sans que la Régie ait son mot à dire. C'est la grâce que je vous souhaite.

En dépit de ce qui précède, je vais être franc : la Régie du logement joue un rôle dissuasif auprès des propriétaires qui veulent hausser leurs loyers. Les loyers si peu chers au Québec le prouvent en grande partie.

Un exemple de son efficacité : la Régie publie chaque année un taux d'ajustement des loyers à titre indicatif. Systématiquement, le taux suggéré est inférieur à l'inflation.

Certains proprios évitent comme la peste de se retrouver devant la Régie et préfèrent renoncer à leur augmentation de loyer si le locataire la refuse. Pourquoi ? Ils n'ont pas de temps à perdre et veulent éviter les frais de 63 $ accompagnant la requête en fixation du loyer (pour les loyers qui excèdent 600 $). Les requêtes en fixation du loyer pour un renouvellement de bail sont aux frais du propriétaire.

Mais est-ce le bon réflexe? Si vous louez des logements à prix d'aubaine, vous subventionnez vos locataires, vous refusez sciemment l'argent qui vous est destiné pour en laisser plus dans leurs poches. C'est gentil, mais peu rentable pour vous. En tant que propriétaire, vous n'avez pas à remplacer la Saint-Vincent-de-Paul. Il n'en tient qu'à vous de remonter vos loyers au plus vite. Vous verrez comment au chapitre 15.

Et si le locataire refuse l'augmentation de loyer?

Le bail de votre locataire arrive à échéance le 1er juillet. Vous avez jusqu'au 31 mars pour envoyer à ce dernier l'avis d'augmentation de loyer. Vous lui communiquez la bonne nouvelle en février: une hausse de 25 $ par mois pour un loyer de 650 $, soit une augmentation de 3,8 %.

Votre locataire s'y oppose. Il a 30 jours pour vous le faire savoir par écrit en précisant qu'il veut rester dans son logement, mais qu'il refuse l'augmentation.

Vous disposez d'un mois à compter de la date de réception de sa réponse pour déposer une requête en fixation de loyer à la Régie du logement. Il vous en coûtera 63 $, étant donné que le loyer est supérieur à 600 $.

C'est la Régie qui fixera le nouveau loyer en tenant compte des normes fixées par le Règlement sur les critères de fixation de loyer (pour plus d'information: www.rdl.gouv.qc.ca). En 2005-2006, il fallait huit mois avant que la Régie statue sur la requête. En attendant, le loyer de l'année précédente continue de s'appliquer.

3E MYTHE :
la Régie n'amène que des inconvénients aux propriétaires

Faux. Les regroupements de propriétaires sont les premiers à le dire. «Sans la Régie, les propriétaires auraient à composer avec la lourdeur des autres tribunaux pour trancher les litiges qui les opposent aux locataires», explique

Luc Courtemanche, président aux affaires publiques de la Corporation des propriétaires immobiliers du Québec, une association de propriétaires de logements.

La Régie est relativement rapide pour faire payer un loyer en retard. Le délai de traitement était inférieur à deux mois en 2005-2006. Autre avantage de l'existence de la Régie : les loyers ne baissent pas quand ça va mal. Quand les logements vacants se multiplient, les proprios vont offrir des gratuités, comme un mois de loyer gratuit à la signature d'un nouveau locataire, mais ils n'abaissent pas leur loyer. Comme l'a déjà dit Martin Messier, président de l'Association des propriétaires du Québec, « avec la Régie, on ne peut pas faire grimper les loyers quand la demande est forte, mais au moins, les loyers ne baissent pas quand l'économie va mal ».

De leur côté, les locataires n'ont pas le pouvoir de demander une baisse de loyer, sauf dans de rares cas de force majeure. C'est la moindre des choses, me direz-vous, compte tenu du niveau actuel des loyers. Vous avez raison, mais il faut reconnaître le bon côté des choses.

4ᴱ MYTHE :
la Régie contrôle absolument tout en matière de logement

Faux, faux, faux. La Régie n'a pas clairement juridiction sur les activités de prélocation (voir le chapitre précédent). « Quand le bail n'est pas signé, la relation locataire-propriétaire n'est pas encore conclue », explique le *Guide du locataire* de *Protégez-vous*. La Régie ne contrôle donc pas la prise de renseignements personnels sur un candidat locataire par un propriétaire.

En cas d'abus présumé dans la collecte de renseignements personnels, le locataire peut se plaindre à la Commission d'accès à l'information du Québec, qui a pour mandat d'appliquer la Loi sur la protection des renseignements personnels dans le secteur privé.

La discrimination en matière de logement est interdite. Vous ne pouvez pas, par exemple, refuser de louer à une personne de couleur, comme vous l'avez vu au chapitre 11, mais ce n'est pas la Régie qui traitera la plainte ; elle devra plutôt être déposée à la Commission des droits de la personne et des droits de la jeunesse.

LES VRAIS INCONVÉNIENTS

Malgré quelques bons côtés, la Régie a trois inconvénients.

Le premier concerne sa **méthode de fixation du loyer pour les locataires en place** qui refusent une augmentation. Le Règlement sur les critères de fixation de loyer avec lequel travaillent les régisseurs est vieux d'une trentaine d'années. Il est désuet, selon plusieurs, notamment en ce qui a trait aux ajustements prévus pour les travaux majeurs.

À ce chapitre, le règlement prévoit que le taux d'ajustement qui s'applique sur les travaux majeurs équivaut au rendement d'un certificat de placement garanti de 5 ans (3,2 % en 2006) auquel elle ajoute 1 %, pour un total de 4,2 %.

En d'autres mots, quand elle est appelée à fixer un loyer, la Régie permet au propriétaire d'augmenter ses loyers de 3,50 $ par mois pour chaque tranche de travaux de 1000 $ effectués dans le logement. À ce rythme, le propriétaire récupère son investissement en 24 ans ! Il faut être jeune pour investir dans l'immobilier à ces conditions...

Au printemps 2003, à la suite d'un appel d'offres public, la Régie du logement a confié à Roche ltée, Groupe-conseil le mandat d'effectuer une évaluation de la méthode de fixation des loyers en vigueur depuis 30 ans. On attend encore la réforme gouvernementale quatre ans plus tard.

Autre sujet controversé : la Régie a le **pouvoir de réviser à la baisse le loyer d'un nouveau locataire,** si ce dernier paie plus cher que le précédent. Cette requête doit être déposée par le locataire à ses frais : 63 $ pour un loyer qui excède 600 $ par mois.

Cette disposition donne au locataire majeur et vacciné le droit de contester un contrat qu'il vient de signer en toute connaissance de cause. Elle a pour effet d'empêcher l'ajustement des loyers au prix du marché et nuit grandement à la rentabilité de l'investissement immobilier.

Le troisième point porte sur la résiliation de bail. **Se débarrasser d'un mauvais payeur chronique prend généralement au moins six mois ;** c'est long longtemps quand le locataire ne paie pas...

Des locataires mal intentionnés réussissent même à gagner un mois ou plus en déposant une requête en rétractation de la décision que la Régie du logement a fini par rendre. Avec une telle requête, un locataire qui a contre lui un jugement l'obligeant à quitter son logement pour non-paiement de loyer demande à la Régie de revenir sur sa décision parce qu'il n'a pas pu être présent à l'audience. Le dépôt d'une requête en rétractation a pour effet de suspendre l'expulsion jusqu'à ce que la cause soit de nouveau entendue, généralement dans un délai de 14 à 21 jours.

Les demandes en rétractation s'avèrent frivoles dans bien des cas. Selon la Régie, 30 % des locataires ne se présentent pas à l'audience dans les cas où ils ont eux-mêmes déposé la requête en rétractation.

Depuis 3 ans, environ 1700 requêtes en rétractation sont déposées par les locataires chaque année. Après 9 mois pour l'exercice 2006-2007, la Régie en dénombre plus de 1300.

Pour éviter d'être victimes d'abus, les propriétaires devraient demander au régisseur, dès la première audience en rétractation, que le locataire soit privé du droit de déposer toute nouvelle demande en rétractation, ce qui empêchera le mauvais payeur de recommencer son manège *ad nauseam*.

Comment expulser un locataire indésirable

Comment se débarrasser d'un indécrottable mauvais payeur au pays de la Régie du logement? Il faut compter 6 mois et des frais d'au moins 189 $, mais il existe bel et bien un moyen d'obtenir la résiliation du bail et de repartir à neuf. Voici comment.

1. Le 2 janvier, le loyer n'est pas encore arrivé. Vous vous adressez à la Régie pour recouvrer le loyer dû et les intérêts. Coût : 63 $. L'audience sera tenue deux mois plus tard, à la fin de février.

2. Le 2 février, nouveau retard. Vous amendez votre requête pour motif de retards fréquents dans le paiement du loyer.

3. Fin février, le régisseur ordonne au locataire de respecter son bail.

4. Le 2 mars, nouveau retard. Vous demandez cette fois à la Régie la résiliation du bail et l'éviction du locataire pour retards fréquents et bris d'une ordonnance. Nouveau coût de 63 $.

5. Le 1er mai, quand la cause est entendue, vous devez prouver que vous subissez un préjudice sérieux, par exemple, que vous n'avez pas les fonds pour payer l'hypothèque. Le régisseur peut alors résilier le bail. La décision est exécutable dans les 30 jours, soit au 31 mai.

6. En juin, vous devrez peut-être vous adresser à un huissier pour faire exécuter le jugement. Nouveaux frais. Vous avez encore à verser 63 $ à la Régie pour obtenir le paiement du loyer de mai, mais le mauvais payeur a déguerpi et vos autres locataires ont compris le message. À moins que le vilain ne dépose une demande en rétractation...

Chapitre 13

Le calendrier du proprio

Vous voilà un propriétaire immobilier, avec les joies et les soucis que ce statut comporte. Chose certaine, une bonne planification annuelle vous facilitera la vie. L'investissement immobilier reste exigeant. Il y a quelque chose à faire tous les mois de l'année, une façon de gagner chacun des mois de loyer. Petit tour de calendrier.

JANVIER

En janvier, les fêtes sont choses du passé. Le temps est venu de préparer votre budget personnel et celui de vos immeubles locatifs. Quels sont les travaux majeurs que vous ferez faire cette année?

La planification budgétaire devrait inclure les dépenses en capitalisation, comme le toit, l'asphalte du stationnement, les portes et les fenêtres.

Pendant que l'hiver bat son plein, les entrepreneurs généraux ont faim de contrats en vue de la belle saison. Il faut sans délai communiquer avec deux ou trois d'entre eux, obtenir de bons prix et vous assurer de leur disponibilité au retour des jours chauds.

Vous serez aussi bien avisé de renégocier vos contrats avec vos fournisseurs, comme ceux qui font l'entretien paysager et l'émondage des arbres.

FÉVRIER

Première date butoir à inscrire au calendrier : le 28 février. Il s'agit de la date limite pour envoyer les relevés 4 aux locataires. Le relevé 4 indique la part du loyer servant à payer l'impôt foncier. La dépense donne droit à un remboursement pour les locataires à faibles revenus.

Cette date constitue la limite pour expédier à Revenu Québec le sommaire 4 (RLZ-4.S), une copie des relevés 4 et une copie du compte d'impôt foncier pour l'immeuble.

MARS

Vous devez envoyer vos avis de renouvellement du bail et d'augmentation des loyers de 3 à 6 mois avant l'échéance du bail. Pour les baux de 12 mois arrivant à échéance le 30 juin, un cas fréquent au Québec, la date limite de l'envoi est fixée au 31 mars. Idéalement, n'attendez pas cette date : plus vite vous savez qui va quitter, plus de temps vous avez pour relouer.

Augmenter ses loyers au maximum sans que la Régie du logement intervienne et sans perdre ses meilleurs locataires est un art. La Régie du logement publie à titre indicatif des taux d'augmentation de loyer à la mi-janvier. Les associations de propriétaires font leurs recommandations à ce sujet en début d'année.

AVRIL

Une fois que vous savez quels logements se libéreront à l'été, vous pouvez planifier les travaux, comme des planchers à sabler ou la peinture à rafraîchir.

Vous devez trouver des locataires pour les appartements libérés. Prévoyez du temps pour les rencontres, la visite des lieux et la réalisation des études de crédit. La sélection de locataires est critique, surtout si vous êtes un petit propriétaire.

En avril, ne vous découvrez pas d'un fil, mais surtout n'oubliez pas de remplir vos déclarations de revenus. Vous avez jusqu'au 30.

Tous les trois ans, les municipalités déposent un nouveau rôle d'évaluation foncière qui a des répercussions sur le compte d'impôt foncier de votre plex. La valeur inscrite au rôle reflète sa juste valeur marchande au 1er juillet de l'année de référence. Pour les rôles qui sont entrés en vigueur en 2007, la date de référence est donc le 1er juillet 2005.

Vous avez jusqu'au 30 avril de l'année de son entrée en vigueur pour déposer une demande de révision administrative de l'évaluation de votre propriété. Des frais non remboursables sont exigés. Vous devez avoir des motifs sérieux de croire que la valeur est erronée et remplir le formulaire de demande de révision du rôle d'évaluation foncière.

Si la réponse de l'évaluateur de la Ville ne vous plaît pas, vous pouvez exercer un recours devant la section des affaires immobilières du Tribunal administratif du Québec (TAQ) en déposant une requête au secrétariat du TAQ ou dans tout greffe de la Cour du Québec.

MAI

L'hiver a peut-être été pénible pour la pelouse. Sortez vos semences et vos engrais.

Pourquoi ne pas faire coïncider l'éclosion du muguet avec une visite des logements ? La visite annuelle de ses logements pour s'assurer du maintien des lieux en bon état est le droit et le devoir du propriétaire consciencieux.

JUIN

À l'été, il est temps de faire nettoyer les appareils de chauffage et de ramoner la cheminée.

Un peu d'exercice vous fera le plus grand bien ! Montez sur la toiture pour en constater l'usure, refaites le calfeutrage des joints et vérifiez si le drain et les gouttières sont bien dégagés.

Quel est l'état de la peinture extérieure et du plancher des balcons ? Allez, montrez que vous savez manier le pinceau !

JUILLET

Le 1er juillet est la fête nationale du déménagement. Si des locataires vous quittent et que de nouveaux emménagent, vous travaillerez aussi fort que les déménageurs, sans que personne ne daigne vous offrir la pizza.

Au départ du locataire, récupérez ses clés. Essayez d'obtenir sa nouvelle adresse, au cas où vous devriez communiquer avec lui ultérieurement. Faites le tour du logement en sa compagnie et faites-lui signer un papier qui décrit l'état du logement à son départ. Assurez-vous que les fixations, les stores et les rideaux qui vous appartiennent sont restés en place.

Une fois la porte du camion refermée, retournez en quatrième vitesse au logement entreprendre petit ménage de circonstance. Prenez en note les réparations qui s'imposent. Vérifiez ventilateur, robinets, chasse d'eau, interrupteurs et détecteur de fumée.

Accueillez le nouveau locataire avec le sourire. Faites-lui faire le tour du logement et faites-lui signer une fiche d'arrivée qui décrit les lieux à sa prise de possession. Vous pouvez prendre des photos. Montrez-lui l'emplacement du réservoir d'eau chaude, du panneau électrique et de la sortie de secours. Finalement, remettez-lui les clés et laissez-le avec son barda.

AOÛT

En août et en septembre s'ouvre la période de négociations du prix des livraisons hivernales de carburant. Pour ce qui est des immeubles chauffés au mazout, les Petro-Canada et Ultramar de ce monde proposent un prix plafond (ou prix fixe) qui vous évite de subir une hausse de prix draconienne à l'hiver.

C'est aussi le bon moment pour l'inspection et l'entretien de la chaudière.

SEPTEMBRE

À l'automne, vous vous préparez pour la saison froide. Vous enlevez les feuilles des gouttières, vous vérifiez l'étanchéité des éléments d'isolation, comme les coupe-froid et le calfeutrage des portes et des fenêtres.

Au passage, vous jetez un coup d'œil au chauffe-eau. La valve de sécurité reste-t-elle fonctionnelle? Vidangez au besoin.

OCTOBRE

Avant le gel, il faut couper l'alimentation en eau des robinets extérieurs. Vérifiez aussi le bon fonctionnement des détecteurs de fumée, du système de sécurité et des extincteurs de l'immeuble.

NOVEMBRE

Au renouvellement de la police d'assurance, revoyez la valeur assurée. En particulier, assurez-vous que l'indemnité versée en cas de sinistre correspond à la valeur à neuf de l'immeuble, et pas seulement à sa valeur marchande, qui, elle, tient compte de la dépréciation. Les avenants à la police sont-ils toujours pertinents? Êtes-vous assuré contre les dégâts causés par le refoulement des égouts ou par l'infiltration d'eau par le toit?

DÉCEMBRE

Vous prévoyez prendre possession d'un de vos logements pour l'habiter à partir du 1er juillet? Vous avez jusqu'au 31 décembre, soit six mois avant l'échéance du bail, pour aviser le locataire de la reprise de logement.

À la fin de l'année, envoyez aux occupants de vos logements une carte contenant vos souhaits de bonne année. Profitez-en pour leur dire merci; après tout, ce sont vos clients. Cette petite attention sera très appréciée.

Chapitre 14

L'impôt, ce fidèle ami

Dans son excellent livre *Le guide du travailleur autonome : tout savoir pour faire carrière chez soi*, Jean-Benoît Nadeau décrit avec humour le fisc comme un ami qui veut le bien des travailleurs indépendants. À titre de propriétaire immobilier, vous devez avoir la même attitude. Sachez bien traiter le fisc et n'abusez pas de sa confiance ; il pourrait se retourner contre vous s'il se mettait le nez dans votre immeuble.

Réjouissez-vous parce que vous ne paierez probablement pas d'impôt sur vos revenus de location, du moins les premières années. Les intérêts hypothécaires sont déductibles dans le cas des immeubles locatifs, ce qui n'est pas le cas pour la résidence principale. Les frais d'intérêt, conjugués aux dépenses d'exploitation (impôt foncier, eau, électricité, assurances, chauffage), grugeront donc la majeure partie de vos revenus les premières années. Ensuite, la déduction pour amortissement au taux de 4 % gardera votre revenu imposable au plus bas.

Par contre, vous serez imposé sur le gain en capital quand vous vendrez l'immeuble locatif, contrairement à ce qui se produit à la vente de sa résidence principale. L'État vous en laisse malgré tout un peu dans vos poches. La moitié du profit réalisé à la vente reste à l'abri de l'impôt ; uniquement la moitié du gain en capital est imposable.

Les conseils qui suivent en ce qui a trait à la déclaration de revenus sont tirés de brochures publiées par Revenu Québec et l'Agence du revenu du Canada, ainsi que d'ouvrages rédigés par des fiscalistes compétents. Mais mieux vaut consulter un fiscaliste avant l'achat de votre plex, au moment de la préparation des déclarations de revenus, au refinancement de l'immeuble le cas échéant et à la revente du plex. La Loi de l'impôt est si volumineuse que je soupçonne les fonctionnaires du Revenu de ne pas toujours la comprendre.

Heureux nouveau propriétaire immobilier, vous devrez ajouter chaque printemps quelques feuillets à votre déclaration de revenus. En fait, vos obligations fiscales commencent même plus tôt dans l'année avec l'envoi des relevés 4 à vos locataires. Vous devez remplir un relevé 4 au nom de chaque locataire qui habite l'immeuble le 31 décembre de l'année d'imposition et lui remettre au plus tard le 28 février de l'année suivante. N'oubliez pas d'envoyer à Revenu Québec, en respectant le même délai, le sommaire 4, une copie des relevés 4 et les preuves du montant d'impôt foncier inscrit sur le sommaire 4.

LES REVENUS

Vos revenus nets de location s'ajoutent à vos revenus d'emploi et sont imposés au même taux. Toutefois, en tant que propriétaire d'un plex, vous pouvez déduire vos dépenses de vos revenus de location. Si vous êtes propriétaire-occupant, vous devez déduire les frais qui se rapportent uniquement à la partie louée.

Quand des frais se rapportent à l'ensemble de l'immeuble, comme une nouvelle toiture, vous devez les répartir au prorata des superficies en location. Par exemple, si vous occupez un tiers du triplex et louez les deux autres tiers, vous pouvez déduire la totalité des dépenses qui se rapportent aux logements loués et 67 % des dépenses attribuables à l'ensemble de l'immeuble, comme l'impôt et les primes d'assurance.

Pour calculer vos revenus nets, vous devez remplir le formulaire TP-128, intitulé Revenus et dépenses de location d'un bien immeuble, au provincial. Dans le cas du fédéral, il s'agit du formulaire T776, nommé État des loyers de biens immeubles.

LES DÉPENSES

L'impôt reconnaît trois catégories de dépenses immobilières :

1. Les dépenses courantes

2. Les dépenses de nature capitale

3. Les dépenses assujetties à des règles particulières

1. Les dépenses courantes

Vous pouvez entièrement déduire les dépenses courantes de vos revenus dans l'année où elles surviennent. Font partie de cette catégorie :

- l'impôt foncier et la taxe scolaire ;
- les assurances ;
- les intérêts hypothécaires ;
- l'électricité et le chauffage ;
- l'aménagement paysager ;
- le salaire des responsables de l'entretien ou de l'exploitation ;
- les honoraires comptables ;

- les frais de publicité ;
- les frais bancaires et d'administration ;
- les honoraires d'avocat pour percevoir des loyers ;
- l'amortissement sur l'immeuble, au taux de 4 % ;
- les dépenses d'immobilisations conçues pour les personnes handi-capées (les rampes, par exemple) ;
- les frais d'entretien et de réparation, quand les travaux visent sim-plement à ramener l'immeuble à sa valeur normale : par exemple, un toit tous les 25 ans, les fenêtres, les balcons, la tuyauterie, c'est déductible dans l'année.

Au sujet des travaux d'entretien, Revenu Québec exige que vous lui four-nissiez les coordonnées de vos fournisseurs (numéro de TVQ, si c'est une société ; numéro d'assurance sociale, si c'est une personne). La règle s'ap-plique aussi aux matériaux dont l'installation est incluse dans le prix de vente (formulaire TP-1086.R.23.12). Le fédéral n'exige rien de semblable.

Si vous achetez un taudis et que vous le métamorphosez en château de la Loire, la dépense sera capitalisée, c'est-à-dire qu'elle sera ajoutée au coût d'achat de l'immeuble. À la revente, elle réduira la portion imposable du gain en capital.

2. Les dépenses de nature capitale

Les dépenses de nature capitale doivent être capitalisées, c'est-à-dire rajoutées au coût en capital du bien. Vous pouvez réclamer de l'amortissement sur la partie immeuble (pas sur le terrain).

Dépenses devant être capitalisées :

- le coût d'achat du plex ;
- les droits de mutation (la fameuse taxe de bienvenue) ;
- les frais de notaire concernant l'acte de vente ;

- le coût du certificat de localisation ;
- les ajouts à la maison (garage, foyer, etc.) ;
- les honoraires de l'inspecteur en bâtiments engagé avant l'achat de l'immeuble ;
- les rénovations qui ajoutent beaucoup de valeur à l'immeuble, par exemple, si vous remplacez le bois des marches par du marbre d'Italie.

3. Les dépenses assujetties à des règles particulières

Tombent dans cette catégorie :
- La commission de l'agent immobilier à la vente et les frais de quittance de l'hypothèque. Traitement particulier : ces dépenses viennent réduire le gain en capital à la vente.

- La portion des frais de notaire reliée à l'enregistrement de l'hypothèque. Traitement particulier : on les déduit en 5 ans, à raison de 20 % par année. Il en est de même pour les frais liés à la demande, à l'évaluation et à l'assurance d'une hypothèque.

- L'amortissement. Traitement particulier : déductible au taux de 4 % de la partie non amortie du coût en capital (PNACC). Il est généralement impossible de créer une perte ou de l'augmenter avec l'amortissement.

Allez-y mollo avec les pertes locatives. Des pertes locatives surviennent quand les dépenses courantes de l'immeuble (dépenses d'exploitation, intérêts, réparations) sont plus élevées que ses revenus. Des pertes élevées attirent l'attention de Messieurs les Percepteurs. Yves Chartrand, un fiscaliste reconnu, rapporte que les pertes de location de 10 000 $ et plus sont scrutées à la loupe par le ministère du Revenu. De plus, dans un passé récent, le vérificateur général du Québec a recommandé à Revenu Québec d'être plus vigilant dans la vérification des revenus locatifs.

Enfin, quand vient le moment de vendre un immeuble locatif, consultez à tout prix un fiscaliste. Les autorités fiscales analysent de près toute déclaration de revenus de l'année de vente d'un immeuble locatif.

Lectures de chevet

Ministère du Revenu du Québec, Le particulier et les revenus locatifs [www.revenu.gouv.qc.ca]

Agence du revenu du Canada, Revenus de location (Guide T4036) [www.arc.gc.ca]

Chapitre 15

Se méfier du grand amour

Vous avez mis du temps à le choisir. Vous l'habitez peut-être, mais ne faites pas l'erreur de « tomber en amour » avec votre plex. Considérez-le comme une tirelire : après tout, un petit cochon finit toujours par recevoir un coup de marteau sur la tête. Gardez à l'esprit qu'un plex, ça se vend. Dans le monde de l'immobilier, on fait son profit à l'achat, mais on encaisse l'argent à la vente.

On se connaît bien maintenant, alors on ne se contera pas d'histoires : les rendements sur les plex ne sont plus ce qu'ils ont déjà été. En 2000, un plex se vendaient sept ou huit fois ses revenus bruts à Montréal. Aujourd'hui, le prix représente jusqu'à 16 fois ses revenus. Le temps de « l'argent facile » en immobilier est donc bel et bien terminé, et ce, pour quelques années.

Il est toujours possible de faire de bons profits, à la condition d'avoir une optique d'investisseur à long terme et de faire ses devoirs. C'est d'ailleurs ce que vous faites en lisant ce livre.

De nos jours, le rendement courant qu'un propriétaire tire de ses loyers s'affaiblit et, dans bien des cas, il est nul, voire négatif. Notre triplex à Laval-des-Rapides, dont il a été question aux chapitres 7 et 8, l'a prouvé. Le rendement courant, je le rappelle, correspond à la somme que vous rapportent les loyers une fois que sont réglés les dépenses d'exploitation et les frais d'intérêts. Ce revenu net peut alors être comparé au montant de la mise de fonds.

DES CHIFFRES

$$\frac{\text{Revenu net (loyers − dépenses d'exploitation − frais d'intérêts)}}{\text{mise de fonds}} = \text{rendement courant}$$

En raison du prix élevé des plex, le revenu des loyers suffit à peine à payer les dépenses et les frais d'intérêts. Il n'en sera pas toujours ainsi, mais c'est la situation qu'on vit en 2007 à Montréal, à Québec, à Longueuil, à Laval et un peu partout au Québec.

Si le rendement courant est inexistant, ça ne veut pas dire que le rendement total est nul, loin de là. Le rendement total dépendra entièrement de la plus-value à la revente, d'où la nécessité de vendre un jour.

Rendement total = rendement courant + plus-value à la revente

Selon la Société canadienne d'hypothèques et de logement (SCHL), le prix moyen des plex a bondi de 132 % entre 1997 et 2006 dans la région de Montréal. En 1997, un beau triplex se vendait 150 000 $; on l'achetait avec une mise de fonds de 10 %, soit 15 000 $. En 2006, le même plex vaut 348 000 $, soit 150 000 $ X (1 + 1,32) = 348 000 $.

La plus-value totale équivaut à 198 000 $ (348 000 $ – 150 000 $), soit près de 20 fois la mise de fonds initiale, un rendement de 1320 %, uniquement sur la plus-value. C'est colossal ! Malheureusement, moi non plus je n'ai pas acheté en 1997. Sortons nos mouchoirs.

En 2006-2007, c'est le monde à l'envers par rapport à 1997. Les plex se vendent à des prix fous. Le rendement courant qu'on peut en tirer est nul ou négatif. Quant à la plus-value, il ne faut plus s'attendre à des miracles. Des bonds de 1320 % en 10 ans, c'est fini pour un bout de temps.

À l'avenir, les plex devraient s'apprécier au rythme de l'inflation. La Banque du Canada établit sa politique monétaire en fonction d'un taux d'inflation de 2 % par année. En toute logique, attendez-vous à une appréciation moyenne de 2 % par année de la valeur de votre plex. Ça, c'est le scénario de base si vous regardez passer la parade. Votre mission est d'animer la parade pour qu'elle donne un meilleur spectacle.

Votre rendement total dépendra entièrement de la plus-value que vous réaliserez à la revente de l'immeuble. D'où l'importance de vendre votre plex un jour… et de le vendre cher.

Il est important de vous préparer dès aujourd'hui à la revente de votre immeuble, même si vous en êtes à vos premiers pas dans le domaine de l'immobilier, même si vous venez de l'acheter et même si vous ne savez pas quand vous vendrez. Maintenant, comment se prépare-t-on à la vente de son immeuble quand on n'a pas la moindre idée du moment où on va s'en départir ? En maximisant ses revenus dès aujourd'hui. Je vous le répète : la valeur de l'immeuble repose sur l'ampleur de ses revenus. Plus un immeuble produit des revenus élevés, plus il vaut cher.

COMMENT GAGNER 15 000 $ PAR ANNÉE
SANS TROP SE FATIGUER

Votre tendre moitié et vous rêvez toutes les semaines de gagner le gros lot du Super 7 ? Cessez d'engraisser Loto-Québec, mettez-vous à l'immobilier.

Ces temps-ci, les plex se vendent très cher, souvent 15 ou 16 fois les loyers annuels. Cette conjoncture est désespérante pour l'investisseur en mode achat, mais, du point de vue du propriétaire, cette situation transforme un immeuble en véritable poule aux œufs d'or… si elle perdure évidemment. Voyons voir.

Admettons que cette année vous achetez un triplex : trois 4 1/2 loués 675 $ par mois. Arrive la nouvelle année, vous augmentez vos loyers de 25 $ par mois, soit une augmentation de 3,7 %, une coche au-dessus de l'inflation.

Une telle hausse est difficile à faire passer, mais ce n'est pas mission impossible (voir la section suivante). Vous devrez souligner à vos locataires les judicieuses rénovations que vous avez faites durant l'année, leur montrer vos factures de dépenses et en quoi celles-ci ont terriblement augmenté par rapport à l'année précédente. En véritable Tom Cruise de la négociation, vous devrez maîtriser l'art de la persuasion. De plus, vous êtes un bon proprio, souriant, avenant, charmant, et tout et tout. Vos locataires acceptent la hausse du loyer sans broncher.

Bravo ! Vous venez de gagner 14 400 $. En arrivant à la maison le soir, vous aurez raison de penser que vous méritez pleinement vos p'tites patates brunes pour déjeuner le lendemain matin. D'où vient ce 14 400 $, direz-vous ? Simple : avec un multiplicateur de 16 fois les revenus, chaque fois que vous augmentez vos revenus de 25 $ par mois par logement, la valeur de votre immeuble vous fait engranger 14 400 $.

Hausse de 25 $ X 3 logements X 12 mois X 16 fois les revenus = 14 400 $

Remarquez, 14 400 $, c'est une saprée belle somme, mais elle demeure théorique tant que vous ne vendez pas votre plex. Pourquoi est-elle théorique ? Premièrement, il n'est pas dit que les plex se vendront toujours à des prix équivalant à 16 fois les revenus. L'histoire montre que le multiplicateur du revenu brut augmente quand les taux d'intérêt sont bas et qu'il se met à tomber quand les taux d'intérêt remontent. Or, actuellement, les taux d'intérêt sont au plancher.

Ensuite, pour rendre concret ce gain de 14 400 $, il faut finir par vendre l'immeuble. La revente d'un bien immobilier entraîne des frais, dont certains augmentent avec le prix de vente, comme la commission versée à l'agent immobilier. Sa rétribution correspond à un pourcentage du prix de vente, de 5 % à 7 % généralement.

Gain théorique ou pas, vous devez voir votre plex pour ce qu'il est vraiment : une machine à faire de l'argent. Encore faut-il savoir la faire fonctionner, cette machine. Comment la mettre en marche ? En augmentant les revenus de l'immeuble.

DES TRUCS POUR AUGMENTER LES REVENUS DE SON IMMEUBLE

Prenez les rênes de votre immeuble. C'est vous le *boss*, soyez maître chez vous. Si vous n'habitez pas votre plex, allez y faire votre tour régulièrement. Prenez en note ce qui s'y passe. Les poubelles débordent ? L'escalier n'est jamais déneigé ? Agissez !

Conservez une clé de chaque logement. S'il y a une fuite d'eau pendant que votre locataire se fait dorer la bedaine dans le Sud, vous serez en mesure de réagir promptement et de limiter les dégâts.

Surtout, mettez au point une solide stratégie de rentabilisation qui englobe les points suivants.

Truc 1 : améliorer la qualité de ses locataires

Un jeune entrepreneur aux dents longues me disait un jour : « Celui qui a peur de déplaire n'a pas d'affaire en affaires. » Un immeuble locatif, c'est une *business*. Vous ne tenez pas l'Accueil Bonneau ou Lauberivière. Au Québec, on a la fâcheuse habitude d'assimiler la location d'un logement à un service public, sous le contrôle de l'État. **Vous ne rendez pas un service public.** Vous dirigez une *business* respectable et légale, celle de louer des logements.

Le client est libre de choisir votre logement ou d'aller ailleurs s'il n'aime pas le lieu ou son prix. **Vous n'avez pas à subventionner vos locataires.** Vous avez sans doute payé très cher votre immeuble. Vous avez l'obligation d'augmenter vos revenus si vous voulez rentabiliser votre investissement, quitte à froisser des gens au passage. Si vous craignez pour le paradis à la fin de vos jours, allez à la confesse. De toute façon, ce n'est pas péché de faire de l'argent, monseigneur Jean-Claude Turcotte l'a affirmé dans ces mots.

Si votre locataire paie 400 $ pour un 4½ situé près d'une station de métro, vous avez le devoir de le remplacer par un locataire capable d'en payer le double. Pourquoi ? Parce que si vous avez acheté votre plex récemment, vous l'avez sans doute payé en fonction de loyers à 800 $ par mois, non à 400 $.

C'est sûr que le locataire qui paie 400 $ par mois ne sera pas content si vous faites passer son loyer à 800 $. C'est sec ce que je vais dire, mais **ce n'est pas votre problème.** L'État et les organismes caritatifs ont pour mission de subvenir aux besoins (logement et autres) des plus mal pris de la société. Vous payez des impôts à cette fin. Si vous voulez aider les plus démunis, donnez à Centraide. Pas à vos locataires.

Si l'État est trop cassé pour remplir sa mission sociale, vous n'avez pas à vous faire imposer cette responsabilité. Ce n'est pas votre rôle, en tant qu'investisseur immobilier, de perdre de l'argent parce que vos locataires paient un loyer peu cher.

Rappelez-vous la raison pour laquelle vous avez investi dans l'immobilier. Pour diversifier vos revenus en cas de perte d'emploi? Pour vous doter d'un coussin financier à la retraite? Pour payer les études de vos enfants? Pour laisser un héritage à votre tendre moitié? Vous n'atteindrez jamais votre objectif en gardant des locataires qui paient 400 $ un mois sur deux.

Remplacez vos locataires par de bons payeurs, assez fortunés pour payer un bon loyer. Agissez maintenant, dans le respect de la loi, évidemment. L'article 1936 du Code civil donne en effet au locataire le droit au maintien dans les lieux. En deux mots, vous ne pouvez pas le mettre dehors sans son consentement.

Votre mission, «si vous l'acceptez, Tom», est donc d'obtenir son consentement. Dites-lui que vous voulez récupérer le logement, mais que vous êtes prêt à le dédommager. Après tout, il existe assurément un meilleur logement moins cher quelque part.

André Croteau, dans un livre paru en 1987 (*Votre immeuble à revenu: vendez avec profit maximum*), écrivait avec raison: «Un locataire est un bohème dans l'âme et ne demande pas mieux que de partir. Il ne peut s'attacher nulle part, et c'est pour ça qu'il n'est pas propriétaire.»

Offrez un dédommagement à votre locataire. Proposez-lui de lui payer son déménagement ou donnez-lui une télé à écran plasma.

Vous pouvez reprendre un logement pour y loger vos proches: père, mère ou enfants. Cela vaut également pour votre frère, votre sœur, un membre de votre belle-famille, vos grands-parents ou un autre membre de la parenté si vous en êtes le principal soutien.

Vous pouvez aussi vider l'appartement quand il requiert des rénovations majeures. Le locataire peut demander une compensation – elle couvre les frais raisonnables d'hébergement et de repas – et réintégrer l'appartement après les travaux. Dans la pratique, une minorité de locataires le font, mais un maudit fatigant pourra refuser l'exécution des travaux, de même que l'avis d'évacuation, le cas échéant. S'il y a désaccord, la Régie jugera si les travaux et l'évacuation auront lieu.

Truc 2 : augmenter le loyer chaque année

Au Québec, les augmentations de loyer que le propriétaire omet de transmettre à son locataire sont perdues à jamais. Par exemple, toute augmentation d'impôt foncier ou de prime d'assurance non transférée aux locataires devient irrécupérable les années subséquentes. C'est la Régie du logement qui le dit.

C'est votre devoir d'augmenter systématiquement chaque année le loyer de vos locataires ; ça, c'est moi qui le dis.

D'accord, me répondez-vous, mais de combien par mois ? Vous l'avez vu dans le chapitre 12, il n'y a pas d'augmentation statutaire ni obligatoire au Québec. À la limite, si vous êtes persuasif, vous pouvez augmenter vos loyers du montant que vous voulez.

La médaille a son revers. Le locataire a le loisir de refuser l'augmentation, auquel cas ce sera à la Régie du logement de trancher, à vos frais.

Je vous suggère de calculer vos hausses de loyer en utilisant le formulaire de la Régie disponible en ligne sur Internet (www.rdl.gouv.qc.ca). Cette façon de procéder vous évitera des déceptions, si jamais vous vous retrouvez devant la Régie du logement. Le formulaire est établi selon les articles du Règlement sur les critères de fixation de loyer. Que dit ce règlement ?

D'abord, toute hausse d'impôt foncier, de taxe scolaire et de prime d'assurance peut être refilée en totalité aux locataires au prorata de la superficie qu'ils occupent. Dans l'année où la hausse de l'impôt foncier survient, ne l'oubliez pas !

Ensuite, les coûts de l'électricité, du chauffage (s'il est aux frais du pro-prio), d'entretien, des services et de la gestion sont augmentés en fonction d'un pourcentage calculé par la Régie. Les frais de gestion sont fixés à 5 % des revenus de l'immeuble.

Le revenu net, soit le revenu des loyers moins les dépenses, est lui aussi ajusté en fonction d'un pourcentage établi par la Régie. Ces pourcentages s'appliquent sur les montants de la dernière année.

Au terme de vos calculs, si vous pouvez obtenir 15 $ par mois, demandez 20 $. Si le locataire accepte cette hausse, ces 5 $ additionnels vous dédommageront partiellement pour les avis d'augmentation qui aboutissent devant la Régie à vos frais. Chaque demande refusée par un locataire que vous portez devant la Régie vous coûte 63 $, un montant rarement remboursable.

Truc 3 : éviter les gratuités

Règle d'or à respecter : il faut investir dans ses logements, pas dans les mois gratuits.

Malheureusement, les gratuités sont réapparues dans le marché locatif. À l'hiver 2007, les petites annonces des quotidiens fourmillaient de loge-ments à louer en échange de un ou deux mois gratos. Ces offres alléchantes attirent les couailleux d'aubaines, une clientèle qui repartira sous d'autres cieux quand l'aubaine disparaîtra.

Je sais qu'il est facile d'éviter les gratuités quand nos immeubles sont pleins. Dans la vraie vie, le petit propriétaire de plex n'a souvent pas le luxe de se montrer patient. Il doit relouer au plus vite. Chaque appartement vide fait à ce point mal à son portefeuille que très rapidement il va préférer perdre un mois de loyer que de remettre les clés de l'immeuble à son banquier.

Vous pouvez remplir vos logements vacants sans héberger gratuitement les nouveaux venus un mois ou deux. Premièrement, envoyez à vos locataires leur avis de reconduction de bail et d'augmentation de loyer dès janvier (pour les baux se terminant au 30 juin). Le locataire a 30 jours pour y répondre. Au plus tard, au 1er mars, vous saurez si votre logement se vide.

Vous annoncerez ainsi votre logis avec un ou deux mois d'avance par rapport aux concurrents. Plus vite vous le mettrez sur le marché, plus vite vous le relouerez… avant même de penser à offrir, peut-être, des mois gratuits.

Deuxièmement, plutôt que de donner un mois de loyer, investissez le montant en jeu dans l'embellissement du logement. Un grand ménage, un coup de pinceau sur les murs, le sablage des planchers, le remplacement du comptoir de la salle de bain, l'installation d'un évier neuf dans la cuisine rendront votre appartement plus attrayant que ceux du voisinage. Autrement dit, faites valoir la qualité de vos logements par rapport à ceux de la concurrence plutôt que de donner des nananes à vos nouveaux locataires.

Cela dit, si vous êtes pris à la gorge et ne pouvez patienter, les gratuités sont nettement préférables à une baisse de loyer. Il doit être clairement précisé dans le bail que le propriétaire fait une faveur d'un mois de loyer gratuit au nouvel occupant et que l'offre n'est pas renouvelable. La Régie n'en tiendra donc pas compte au moment de fixer la hausse de loyer l'année suivante, en cas de mésentente entre le propriétaire et le locataire.

Truc 4 : effectuer des rénovations

Je le répète : le délai de recouvrement des investissements dans les logements est de 24 ans en 2006, selon la Régie du logement. La Régie permet un rendement de seulement 4,2 % par année sur les montants investis dans le logement. Si la Régie est si pingre, c'est en raison des bas taux d'intérêt en vigueur.

Le Règlement sur les critères de fixation de loyer stipule que le taux de rendement sur les travaux majeurs dépend du taux qui assortit un certificat de placement garanti 5 ans (3,2 % en 2006), lequel est majoré de 1 %.

Si le délai de recouvrement s'allonge sur 24 ans (1/0,042), pourquoi se donner la peine de rénover ? Malgré le caractère totalement décourageant des règles de la Régie, rénover comporte deux avantages.

Primo, les rénovations rendent vos logements plus concurrentiels dans le marché de la location. Ils ont un plus que les autres n'ont pas. Ils sont plus faciles à louer, et plus faciles à louer plus cher.

Secondo, des rénovations vous donnent une raison d'augmenter vos loyers (très peu si la Régie s'en mêle, mais quand même). Plus vous augmentez vos loyers, plus vous améliorez la qualité de vos locataires, à condition de bien les choisir.

Truc 5 : profiter du départ d'un locataire pour mettre le logement au prix du marché

Le départ d'un locataire est le moment rêvé pour mettre le logement au prix du marché, quitte à augmenter le loyer mensuel de 100 $ ou 200 $ s'il le faut. Ça vaut la peine d'essayer, même si la loi permet à un nouveau locataire de s'adresser à la Régie pour réviser à la baisse son loyer s'il paie plus cher que le locataire précédent.

À la case G du bail résidentiel obligatoire de la Régie du logement, vous devez inscrire le prix le plus bas payé pour ce logement au cours des 12 derniers mois. Le locataire a 10 jours après la signature pour contester le loyer devant la Régie.

Si le propriétaire laisse vide la case G, le locataire a alors deux mois après le début du bail pour demander à la Régie de fixer le loyer.

Si le propriétaire écrit un montant erroné dans la case G, le locataire peut demander l'intervention de la Régie durant les deux mois à partir de la date où il a constaté la faute.

Dans les faits, pareilles requêtes de fixation de loyer déposées par les locataires sont rares : environ 440 sur 10 800 requêtes en fixation de loyer en 2005-2006, selon le rapport annuel de la Régie.

Le fardeau de la preuve repose sur les épaules du locataire. Ce n'est pas toujours facile de prouver la hausse sans avoir en main le bail précédent. De plus, le locataire doit acquitter des frais de 63 $ relatifs à sa requête.

Truc 6 : recevoir en même temps tous les visiteurs intéressés par un logement à louer

Un locataire vous dit qu'il libérera son logement. Vous avez mis ce logement au prix du marché ; vient maintenant le temps de le louer.

Une stratégie efficace consiste à donner rendez-vous en même temps aux visiteurs. C'est ce qu'on appelle l'opération portes ouvertes ou visite libre. La concurrence entre eux fait en sorte que le futur locataire est enclin à accepter les conditions du bail sans rouspéter.

Truc 7 : réduire ses dépenses

Certains travaux majeurs ont la qualité de réduire les dépenses d'exploitation de l'immeuble. Le proprio fait d'une pierre deux coups.

Premièrement, les travaux donnent droit au propriétaire d'augmenter légèrement le loyer. Deuxièmement, les frais d'exploitation, les dépenses de chauffage, d'électricité – surtout – et d'assurance – parfois – sont susceptibles de baisser les années subséquentes, ce qui fait augmenter le revenu net, donc le rendement courant de l'immeuble. La Régie tient compte du revenu net dans le calcul de l'augmentation de loyer permise.

Entrent dans la catégorie des rénos payantes : les dépenses relatives à l'isolation du toit, au calfeutrage, au réservoir d'eau chaude, à la chaudière, aux portes et fenêtres. Évidemment, le chauffage et l'électricité doivent être aux frais du propriétaire.

Attention : certaines rénovations sont susceptibles de faire augmenter la valeur foncière de votre propriété aux yeux de la municipalité, ce qui fera grimper votre facture d'impôt foncier.

Truc 8 : rentabiliser les espaces non utilisés

Vous avez un terrain gazonné ? Faites-le asphalter, peignez des lignes et louez des places de stationnement au mois à vos locataires ou à des tiers. Ou encore, construisez un cabanon avec une case distincte pour chacun des locataires.

Le sous-sol n'est pas fini ? Aménagez-y un casier pour le rangement ou installez-y laveuse et sécheuse et offrez ce service payant à vos locataires.

Là encore, vous faites coup double. L'argent investi dans vos travaux peut être récupéré (tranquillement pas vite, malheureusement) en augmentant les loyers. En plus, vos revenus totaux augmentent grâce à de nouvelles sources de fonds.

L'appartement est une chose ; les services accessoires, comme les locaux de rangement, en sont une autre. Louez vos espaces de rangement, si possible, hors du cadre du bail résidentiel. Comme ça, leur tarif pourra être soustrait du regard de la Régie.

Truc 9 : embellir l'extérieur de l'immeuble

On n'a qu'une chance de faire bonne première impression, il ne faut pas la rater.

L'apparence extérieure de votre immeuble est primordiale. Autant l'acheteur potentiel que le futur locataire se feront une première opinion à partir de l'impression générale qu'il dégage. C'est ici que les dépenses dites cosmétiques, souvent pas très onéreuses, rapportent. On rafraîchit la peinture de la porte du garage, on colmate les fissures et on effectue le rejointoiement des briques.

Vous avez le pouce vert? Marie-Victorin, c'est le temps de planter des fleurs, d'émonder le pommier et de tailler la haie aux ciseaux.

On dit que les fenêtres sont les yeux de l'immeuble et que la porte en est la bouche. Faites en sorte que l'un et l'autre soient attrayants pour vos clients. S'ils sont trop moches, investissez dans de nouveaux modèles.

Certains insistent pour enjoliver la salle de chauffage (ou chambre à fournaise) au sous-sol. La légende urbaine veut que les femmes y soient sensibles. À vous de passer le balai pour enlever les fils d'araignée, de jeter à la poubelle tout ce qui traîne et d'attacher les fils qui pendouillent. Vous pouvez même aller jusqu'à peindre le plancher de béton ou faire disparaître les taches de suie sur la fournaise.

Pour couronner l'opération embellissement, investissez dans de belles boîtes aux lettres neuves et dans des numéros de porte au look contemporain. Ça fera tout un effet, vous verrez.

Dans ce chapitre , vous avez vu comment faire 15 000 $ sans vous fatiguer. Vous savez désormais transformer votre plex en machine à imprimer des billets de banque. Vous en êtes convaincu: l'achat d'une propriété s'avère toujours rentable à long terme, même au plus fort du marché. Dans pareil cas, l'investissement devient plus risqué, vous devez travailler plus fort, mais au bout du compte, vous vous enrichirez.

Une fois que vous vous décidez à plonger dans le lac aux revenus, l'important est que vous sachiez nager. En lisant ces lignes, votre terminez votre cours de natation 101. Grâce au chapitre suivant, vous pourrez parfaire votre formation.

Chapitre 16

Les meilleurs amis du proprio

Être propriétaire d'un immeuble locatif, c'est gratifiant et payant. Ce qui ne vous empêchera pas parfois de vous laisser aller au découragement.

Vous avez à traiter avec un locataire malcommode? Vous vous sentez mal outillé pour faire face à la musique? Pas de panique. Dans pareilles circonstances, tournez-vous vers vos amis. N'hésitez pas à les consulter pour trouver des conseils. Après tout, vous ne pouvez pas avoir réponse à tout. En immo, vous devez répondre à des questions juridiques, comptables, fiscales, financières, tout en vous adonnant à un peu de marketing et de gestion.

Alors, qui sont ces amis et où les trouver? Ce sont les associations de propriétaires, les sites Internet dédiés à l'immeuble locatif, de même que les livres ou les articles de journaux abordant le thème du merveilleux monde du plex.

Je vous offre mon guide de bonnes adresses, élaboré tout au long de mes sept années passées à la section immobilière du journal *Les Affaires*. L'information colligée dans ce chapitre était à jour en janvier 2007.

LES ASSOCIATIONS

Les propriétaires réunis au sein d'associations demeurent hors de tout doute les meilleurs amis du p'tit proprio. La principale mission des associations reste d'informer les proprios de leurs droits.

Enquêtes de crédit, réductions auprès des fournisseurs, réseautage, conseils juridiques, les associations vous proposent une panoplie de services justifiant amplement les frais d'adhésion d'environ 200 $. À vous de choisir votre association préférée.

La Ligue des propriétaires de Montréal

www.liguedesproprietaires.ca

Fondée en 1921, la Ligue se targue d'être la plus ancienne association de propriétaires d'immeubles de logements locatifs et de locaux commerciaux du Québec.

Association à but non lucratif, la ligue offre à ses membres des enquêtes de crédit, des consultations, des avis juridiques, des formulaires de gestion des locataires et beaucoup d'autres choses encore.

L'Association des propriétaires du Québec (APQ)

www.apq.com ou www.apq.org

Malgré son nom, il s'agit d'une entreprise privée à but lucratif. Pour certains, c'est un gage de la qualité des services que l'APQ fournit à ses clients.

L'APQ existe depuis 1984 et compte plus de 8000 membres. Ceux-ci profitent de conseils juridiques fournis par des avocats à temps complet et ils bénéficient de tarifs privilégiés pour être représentés devant la Régie du logement.

L'APQ met également à la disposition de ses membres un logiciel qui permet d'obtenir les fiches de crédit des bureaux de crédit. Une trousse du propriétaire leur est également offerte gratuitement, laquelle comprend des modèles de lettres concernant les relations avec les locataires. L'APQ publie un journal, *Le Propriétaire*.

La Corporation des propriétaires immobiliers du Québec (CORPIQ)

www.corpiq.com

Fondée en 1980 en riposte à la mise sur pied de la Régie du logement, la CORPIQ, comme elle se fait appeler familièrement, se fait un devoir de défendre les droits et les intérêts du petit propriétaire.

Ce rôle de lobby reconnu par le gouvernement du Québec n'empêche nullement cette association à but non lucratif de rendre de précieux services à ses membres : conseils de gestion, enquêtes de crédit, services juridiques gratuits, conférences, publications (*CORPIQ vous informe* et *Le Propriétaire d'immeubles à logements*), agenda, guide de correspondance et activités de formation.

UNE QUESTION ? INTERNET A LA RÉPONSE

Dieu merci, il y a Internet ! Le marché immobilier a toujours été et sera toujours imparfait. Le produit est hétérogène, et l'information circule difficilement, ce qui complique les transactions et nuit à l'efficacité du marché. Or, Internet corrige beaucoup de ces imperfections.

Les produits à vendre, les transactions récentes et les conseils de vieux pros circulent abondamment sur le Net. Jamais les p'tits proprios n'ont été aussi bien informés ! Profitez-en.

Voici quelques-unes de mes meilleures adresses. Certains sites sont payants. Plusieurs professionnels de l'immeuble y sont d'ailleurs abonnés, à commencer par les agents immobiliers. N'hésitez pas à leur demander de vous fournir les données disponibles dans ces sites.

Investisseur immobilier et le Carrefour immobilier

www.investisseurimmobilier.com et www.lecarrefourimmobilier.com

Sites gratuits

Description:

> Christian Guay, une « bolle » de l'immobilier, est le père de tous les sites québécois sur l'immeuble locatif, selon moi. Évaluateur agréé, agent immobilier agréé, détenteur d'un bac en finance, d'un MBA de l'Université McGill et d'un certificat en affaires immobilières, M. Guay cumule les titres et, surtout, il sait compter, ce qui est plus rare qu'on pense.

Ce que j'ai aimé:

> Son site www.lecarrefourimmobilier.com mérite qu'on s'y arrête. On peut y lire une quinzaine de chroniques de M. Guay sur différents aspects de la vie de propriétaire. Sûr de lui, il décortique d'un ton tranchant les pièges de l'immobilier tout en prodiguant ses conseils. Certaines chroniques ont paru dans d'anciens numéros du magazine de finances personnelles *Affaires Plus*.

> Webmestre généreux, M. Guay met gratuitement à la disposition des visiteurs les ventes immobilières de moins de 750 000 $, notamment celles survenues entre 1991 et 2005 pour les régions de Montréal et de Québec. Outil idéal pour connaître la hausse de la valeur sur une rue donnée.

Le site fournit une grille d'analyse à l'achat d'une police d'assurance habitation et met en ligne de fort pratiques calculateurs en matière de prêt hypothécaire et de coût d'acquisition d'une propriété.

Moins riche, le site www.investisseurimmobilier.com propose néanmoins une section instructive sur l'administration d'un plex. Il permet également de se procurer le livre de Christian Guay *Les principes de l'investissement immobilier*, de même que le logiciel d'analyse financière Invest-pro, conçu par M. Guay lui-même.

Zoom-Imm Web

www.zoom-imm.com

Site payant

Description:

Si le logiciel en ligne Zoom-Imm Web n'existait pas, il faudrait l'inventer. Les investisseurs immobiliers doivent une fière chandelle à Geneviève Janelle et à Marc-André Fontaine, les deux entrepreneurs à la tête de la société Magex Technologies de Sherbrooke, d'avoir eu à la fois l'idée, le talent et la persévérance de mettre au point pareil outil.

Grâce à Magex, calculer la rentabilité d'un immeuble locatif sous toutes ses facettes et sous tous ses ratios n'a jamais été aussi facile. Vous pouvez aussi demander à Zoom-Imm de calculer le prix d'achat à payer pour obtenir le rendement que vous souhaitez sur votre immeuble. Pratique comme tout!

Outil puissant, le logiciel compare au besoin diverses propriétés. Il propose aussi différents scénarios de financement et calcule les prévisions budgétaires de l'immeuble jusqu'à sa revente envisagée.

Le site est payant, bien entendu, mais des forfaits à la carte rendent le produit accessible pour 40 $.

Un partenariat entre la société Magex et les chambres immobilières permet aux agents d'importer du Système inter-agences (SIA ou MLS en anglais) directement dans le logiciel Zoom-Imm Web les données relatives à une propriété à vendre. Ainsi, ils obtiennent sans délai un rapport complet sur la rentabilité de l'immeuble à vendre.

Ce que j'ai aimé :

L'ensemble du site, beau et facile d'utilisation. Un must pour tout investisseur. Bravo Magex !

Le club d'investisseurs immobiliers du Québec

www.clubimmobilier.qc.ca

Site gratuit

Description :

Le club d'investisseurs immobiliers du Québec réunit 1500 mordus de la brique et du mortier. Le club organise des conférences au cours desquelles apprentis et investisseurs d'expérience se partagent les trucs du métier.

Ce que j'ai aimé :

Le site n'est pas particulièrement généreux en conseils, mais on y trouve l'horaire à jour des séances de formation données par Jacques Lépine, fondateur du club. Les dates des prochaines conférences mensuelles, utiles au réseautage, sont aussi affichées. La liste des liens Internet est particulièrement riche et comporte un grand nombre de sites américains.

JLR, Jacques La Roche Recherche immobilière

www.jlr.ca

Site payant

Description :

> Un jour, tout immeuble résidentiel au Québec aura sa photo sur le Web. Et c'est sur jlr.ca qu'on la trouvera. Jacques La Roche a photographié jusqu'à maintenant 1 057 000 façades de maisons.

> Mais jlr.ca, c'est bien plus qu'une banque de photos. C'est l'intégrale des transactions immobilières au Québec. Un abonnement payant vous donne accès à une mine d'informations. Ventes, successions, reprises, tout y est.

Ce que j'ai aimé :

> Les qualités du site sont nombreuses. Il donne notamment accès sans frais additionnels aux actes notariés.

> Vous vous intéressez à un triplex dans Rosemont ? JLR peut, à la vitesse de l'éclair, vous sortir tous les triplex de Rosemont, dans un rayon de 3, 5 ou 10 km, qui ont été vendus au cours des 3 derniers mois, avec leur prix de vente et le nom de l'acheteur.

> Plus encore, une carte du type MapQuest montre clairement la localisation des propriétés.

> Le site jlr.ca est un excellent outil de prospection pour les investisseurs à la recherche de produits.

> Le site est doté d'une fonction permettant d'obtenir une liste de tous les immeubles d'une rue donnée avec le nom des propriétaires et des occupants.

GDL Crédit Ressource

www.gdlcredit.qc.ca

Site payant

Description :

> Entreprise concurrente de JLR, GDL se concentre sur les transactions commerciales partout au Québec. Pour chaque inscription au registre foncier, GDL produit une fiche avec le nom et l'activité principale de chacune des parties impliquées dans l'acte.

Ce que j'ai aimé :

> Le site collige des informations sur les hypothèques, les préavis de paiement, les hypothèques légales. Vous pouvez savoir avant tout le monde quelles propriétés sont susceptibles de changer de mains à la suite de difficultés éprouvées par leurs propriétaires.

> Son moteur de recherche permet d'effectuer de fort utiles recherches par nom.

Louise Roy

www.louiseroy.com

Site gratuit

Description :

> Certains agents immobiliers se spécialisent dans l'achat et la vente d'immeubles locatifs. Louise Roy, courtière immobilière agréée, est du nombre. Son site se démarque par l'abondance de ses partenaires, souvent des noms reconnus dans le monde du logement locatif.

Ce que j'ai aimé :

> Signées par elle ou par certains collaborateurs, dont Martin Messier, président de l'APQ, les chroniques immobilières sont pertinentes et couvrent une gamme variée de sujets. Son site présente aussi une riche section sur l'actualité immobilière.

Patrice Ménard

www.patricemenard.com

Site gratuit

Description :

> Agent immobilier du Groupe Sutton, Patrice Ménard est un autre de ces vendeurs qui ont ciblé le créneau de l'immeuble locatif comme modèle d'affaires.

Ce que j'ai aimé :

> Son site compte un extranet et un bulletin sur l'immobilier multi-locatif accessible gratuitement par abonnement.

Registre foncier du Québec en ligne

www.registrefoncier.gouv.qc.ca

Site payant

Description :

> Les bureaux de la publicité des droits où sont consignées toutes les transactions touchant les propriétés immobilières sont maintenant virtuels. Le registre foncier est accessible en ligne. Il en coûte 1 $ par acte consulté.

Ce que j'ai aimé :

> Avec le registre foncier en ligne, vous pouvez mettre la main sur tout acte concernant les hypothèques, les ventes, les avis de perception de loyer et les baux enregistrés, dans le confort de votre foyer. Qui dit mieux ?

Société canadienne d'hypothèques et de logement

www.cmhc-schl.gc.ca

Site gratuit, avec librairie payante

Description :

> Organisme fédéral en matière d'habitation, la SCHL améliore l'accessibilité à la propriété en assurant les prêts hypothécaires. Plus important pour les investisseurs : la SCHL renseigne les acteurs sur l'état du marché.

Ce que j'ai aimé :

> Le site se compare à une encyclopédie sur l'habitation. Son enquête annuelle sur les logements locatifs publiée en décembre devrait figurer comme lecture de chevet obligatoire pour tous les propriétaires d'immeubles locatifs.

> D'autres enquêtes périodiques portent sur le marché de la revente (incluant le marché des plex), les mises en chantier et les résidences pour personnes âgées. La plupart des documents sont maintenant offerts sans frais aux internautes.

> De plus, son catalogue de publications est un des plus riches qui soient en matière d'ouvrages sur le logement au Canada. Bonne lecture.

Société d'habitation du Québec

www.shq.gouv.qc.ca

Site gratuit

Description :

> Pendant québécois de la SCHL, la SHQ a moins de moyens que sa cousine canadienne. Le contenu de son site vaut néanmoins le détour, pour ses analyses de marché et surtout pour la description des programmes d'aide financière à l'intention des propriétaires.

Ce que j'ai aimé :

> La SHQ finance d'importantes études, tantôt sur les condos, tantôt sur l'impact du vieillissement de la population ou sur la Régie du logement, toutes aussi pertinentes les unes que les autres.

Système inter-agences de l'Association canadienne de l'immeuble

www.sia.ca

Site gratuit

Description :

> Le site par excellence de recherche de propriétés à vendre. Vous pouvez cibler vos recherches en fonction d'une panoplie de critères géographiques et physiques (prix, nombre de pièces, piscine, etc.). Sachez toutefois que le site publie seulement les propriétés à vendre par l'intermédiaire d'agents immobiliers.

Des sites de vente sans intermédiaire, comme DuProprio.com, permettent de compléter la recherche du plex de vos rêves. Autre outil : un moteur de recherche comme go.waka.ca recherche les propriétés dans plus de 450 sites d'immobilier au Canada.

Régie du logement

www.rdl.gouv.qc.ca

Site gratuit

Description :

Ce site Internet loge une quinzaine de fiches-conseils portant sur les relations entre propriétaires et locataires. Il vous apprendra ce que vous avez le droit de faire et d'exiger de vos locataires.

Ce que j'ai aimé :

Le formulaire de calcul des hausses de loyer est utile pour déterminer combien la Régie accordera comme hausse de loyer en cas de litiges avec vos locataires.

La loi sur la Régie et des règlements sont aussi affichés sur le site.

DES LIVRES D'INTÉRÊT

La plupart de ces ouvrages sont faciles à trouver, mais certains ne se vendent plus que dans les magasins de livres usagés. Vous pouvez cependant les consulter dans les bibliothèques, notamment à la Grande Bibliothèque du Québec, rue Berri, à Montréal.

Brochu, Jasmin. *À la recherche de la fortune avec l'immobilier*, Sherbrooke, 1991, J. Brochu éditeur, 67 p.

Centre québécois de formation en fiscalité. *Les déclarations fiscales de 2005* (chapitre L - L'immobilier à revenus: dépenses admissibles, pertes locatives, perte finale, changement d'usage et situations particulières), 2006, p. L1 à L39.

CORPIQ. *Le propriétaire d'immeubles à logements*, décembre 2006, 20 p.

Croteau, André. *Votre immeuble à revenu: vendez avec profit maximum*, Montréal, 1987, 185 p.

Dostie, Louis. *L'immobilier accessible à tous ou comment faire de l'argent avec l'argent des autres*, Montréal, Québec/Amérique, 1983, 226 p.

Dubois, Robert. *Enrichissez-vous grâce à l'immobilier*, Montréal, Éditions La Presse, 1989, 220 p.

Esculier, Colette. *Comment acheter intelligemment: terrain, propriété, maison neuve, condominium, chalet, multi-logement*, Montréal, Éditions Uriel, 1998, 235 p.

Fortin, Clément. *Comment acheter ou revendre votre immeuble résidentiel à revenus: une transaction démystifiée*, Montréal, Wilson & Lafleur, Éditions Quebecor, 1991, 195 p.

Guay, Christian. *Les immeubles à logements multiples: des réponses à vos questions*, Montréal, 1997, 400 p.

Guide du locataire édition 2006. Montréal, Éditions Protégez-vous, 2006, 72 p.

Laroche, Michel. *L'immobilier: comment acheter et gérer pour réussir*, Outremont, Éditions Quebecor, 1999, 144 p.

OTPC et ACQC. *Guide d'inspection petits bâtiments*, 1999, 18 p.

Rioux, Gilles. *Le Guide immobilier Immpro*, Verdun, 224 p.

(Note : Cet ouvrage reproduit 102 tables de rendement de la mise de fonds en fonction du prix payé et 102 tables du prix payé en fonction du rendement de la mise de fonds. Voir aussi www.riouxweb.com.)

Théorêt, Paul. *Le guide du propriétaire d'immeuble à revenus : achat, location, baux et gestion*. Saint-Constant, Broquet, 2002, 96 p.

Articles consultés en préparation à la rédaction de cet ouvrage

Bourassa, Martin. « La location de condos, un risque calculé », *Journal Les Affaires*, 8 mars 2003, p. 73.

Chiasson, Claude. « Un triplex flambant neuf à 345 000 $ est-il une bonne affaire ? », *Le Devoir*, 22 avril 2006, p. C4.

Chiasson, Claude. « Le contexte immobilier du Québec diffère de celui de la France », *Le Devoir*, 15 janvier 2005.

Chiasson, Claude. « Rembourser son hypothèque ou investir dans un triplex ? », *Le Devoir*, 23 octobre 2004, p. C4.

Chiasson, Claude. « Bourse ou immeuble : entre les deux, lequel rapporte le plus ? », *Le Devoir*, 21 août 2004, p. C4.

Chiasson, Claude. « Petits immeubles à revenus : cas vécus et commentaires », *Le Devoir*, 24 janvier 2004, p. C5.

Chiasson, Claude. « Sapristi bungalow », *Le Devoir*, 20 janvier 2004, p. B1.

Diotte, Simon. « Tous contre la Régie », *La Presse*, 29 mai 2004, cahier Mon toit, p. 9.

Dubuc, André. « Le point sur le financement d'un immeuble locatif », *Journal Les Affaires*, 8 avril 2006, p. 7.

Dubuc, André. « Acheter un petit immeuble neuf, une façon de s'enrichir », *Journal Les Affaires*, 11 mars 2006, p. 48.

Dubuc, André. « Aide-mémoire pour les proprios d'immeuble locatif », *Journal Les Affaires*, 14 janvier 2006, p. 27.

Dubuc, André. « La Régie du logement devient la chasse gardée des avocats », *Journal Les Affaires*, 17 décembre 2005, p. 42.

Dubuc, André. « Le solde migratoire est de mauvais augure pour l'habitation », *Journal Les Affaires*, 29 octobre 2005, p. 53.

Dubuc, André. « Les loyers gratuits sont de retour à Montréal ». *Journal Les Affaires*, 23 juillet 2005, p. 31.

Dubuc, André. « Comment calculer le rendement », *Journal Les Affaires*, 28 mai 2005, p. 6.

Dubuc, André. « Où obtenir un rendement de 15 % dans les plex ? », *Journal Les Affaires*, 28 mai 2005, p. 5.

Dubuc, André. « Comment investir dans l'immobilier maintenant », *Affaires Plus*, mars 2005, p. 28 et suivantes

Dubuc, André. « L'Ontario veut resserrer le contrôle des prix du logement », *Journal Les Affaires*, 8 mai 2004, p. 51.

Dubuc, André. « Des solutions à la crise du logement, il y en a ! », *Journal Les Affaires*, 13 juillet 2002, p. 41.

Dubuc, André. « La Régie est-elle responsable de la crise du logement ? », *Journal Les Affaires*, 6 juillet 2002, p. 26.

Dubuc, André. « Bail à vendre ! », *Journal Les Affaires*, 23 mars 2002, p. 56.

Dubuc, André. « Les meilleures occasion se trouvent dans les plex », *Journal Les Affaires*, 12 janvier 2002, p. 36.

Dubuc, André. « Les proprios obtiennent moins au Québec », *Journal Les Affaires*, 27 octobre 2001, p. 55.

Dubuc, André. « Un rendement de 20 % sur une propriété à revenus », *Journal Les Affaires*, 15 septembre 2001, p. 49.

Dubuc, André. « Les locataires pourront demander une baisse de loyer », *Journal Les Affaires*, 30 juin 2001, p. 23.

Dubuc, André. « Augmenter ses loyers en évitant la Régie », *Journal Les Affaires*, 7 avril 2001, p. 45.

Dubuc, André. « Prêt pour votre premier immeuble à revenus ? », *Journal Les Affaires*, 24 mars 2001, p. 47.

Dubuc, André. « Choisir la bonne propriété », *Journal Les Affaires*, 27 janvier 2001, p. 3.

Dubuc, André. « Investir dans un triplex redevient rentable, dit la SCHL », *Journal Les Affaires*, 25 mars 2000, p. 89.

Dubuc, André. « Plex : Les quartiers chauds à Montréal », *Journal Les Affaires*, 25 mars 2000, p. 94.

Froment, Dominique. « Comment déterminer la valeur d'un immeuble locatif », *Journal Les Affaires*, 30 août 2003, p. 27.

Grammond, Stéphanie. « L'achat d'un immeuble à revenus », *La Presse*, 23 novembre 2003, cahier Affaires, p. 2.

Grammond, Stéphanie. « On plex ou on ne plex pas, dans le marché actuel ? », *La Presse*, 1er mai 2003, p. D12.

Grammond, Stéphanie. « Investir dans l'immobilier pour se bâtir un second emploi », *La Presse*, 3 avril 2003, p. D4.

Lewandowski, René. « Comment bâtir une mise de fonds pour l'achat d'un triplex », *La Presse*, 16 novembre 2003, cahier À vos affaires, p. 2.

Lewandowski, René. « Retirer ou non ses REER pour financer un immeuble à revenus », *La Presse*, 18 septembre 2003, p. D6.

Roy, Louise. « Investir dans l'immeuble à revenus ; 1re et 2e parties », avril et mai 2001, site Web.

Statistique Canada. « Étude : répartition de la criminalité sur l'île de Montréal », *Le Quotidien,* juin 2006.

Tison, Marc. « Duplex et triplex : encore une porte d'accès à la propriété ? », *La Presse*, 19 février 2006, cahier Affaires, p. 2.

Vailles, Francis. « La maison-tirelire », *La Presse*, 29 juin 2003, p. A9.

Vailles, Francis. « L'acquisition d'un triplex est rentable à condition d'y habiter », *La Presse*, 8 septembre 2002, p. A9.

White, Marianne. « Acheter un immeuble à revenus », *Le Soleil*, 4 juin 2005, p. E2.

The Gazette. Série de 11 articles de Sarah Dougherty sur la détention d'immeubles à revenus, hiver-printemps 2007 :

- « So You Want to Be a Landlord ? », 5 mars 2007.
- « Where You Buy Building Is Crucial », 12 mars 2007
- « Getting Early Start in Property Game », 19 mars 2007.
- « Getting Right Tenants Is Crucial », 26 mars 2007.
- « Dealing with Tax Issues Is Crucial for Rental Property Owners », 2 avril 2007.
- « Tackling Legal Issues Can Be Tricky », 9 avril 2007.
- « Negotiating with Your Tenants », 16 avril 2007.
- « Letting Someone Else Do the Dirty Work », 23 avril 2007.
- « Graduating to Bigger Buildings », 30 avril 2007.
- « No Quick Flip for Most Investors », 7 mai 2007.
- « Cashing In on Your Investment », 14 mai 2007.